南原宏治の「演技論」講義

LECTURE ON ACTING
BY KOJI NANBARA

大川隆法
RYUHO OKAWA

まえがき

当会も「スター養成スクール」「ニュースター・プロダクション（株）」「ハッピー・サイエンス・ユニバーシティ未来創造学部・芸能・クリエーター部門専攻コース」をもって活動している。映画製作も、三月十九日上映公開の「天使に〝アイム・ファイン〟」で十作目。企画レベルでは、十一作目の実写、十二作目の長編アニメと製作を進めている。

ということで、「演技論」のテキストが必要になってきた。数十年のスター人生を生きてこられた故・南原宏治《なんばらこうじ》さんが手伝って下さるというので、一冊にまとめてみた。

私自身は説法歴は長いが、俳優歴はないので、参考になった。一流スターとして数十年活躍を続けるのは、万に一つぐらいの確率《かくりつ》なので、たぶん東大を卒業するより難しいだろう。照れかくしの奥にあるプロフェッショナルの厳しさを感じとって下されば幸いである。

二〇一六年　三月十六日

幸福《こうふく》の科学《かがく》グループ創始者兼総裁《そうししゃけんそうさい》　大川隆法《おおかわりゅうほう》

南原宏治の「演技論」講義　目次

まえがき　1

南原宏治《なんばらこうじ》の「演技論」講義

二〇一六年二月十九日　収録
東京都・幸福の科学総合本部にて

1　名優・南原宏治氏の特別霊指導で「演技論」を訊《き》く　13

分かりやすい「演技論」のテキストをつくりたい　13

南原宏治氏は昭和期を代表する俳優の一人　15

もし南原氏が生きていて、もう少し若かったら？　17

講演会で大川隆法の「唇《くちびる》の動き」を観察していた理由とは　18
初期のころ、「話し方」を教えてくれたこともある　20
南原宏治氏の霊に、芸能界を志《こころざ》す者への「講義」を依頼《いらい》する　21

2　**「名悪役」が伝授する「天使」の演じ方**　26
「大川隆法を演じてみようかな」と語る南原宏治氏　26
大川隆法を演じて「成功した」と言える条件とは　30
天上界《てんじょうかい》ではどのような演技指導をしているのか　34
南原氏は映画「天使に〝アイム・ファイン〟」の霊指導をしていた？　40
天使の役は「そのものになり切ることが大事」　41

3　**「悪人を演じる」ことは難しい！**　45
『俳優・南原宏治のガハハ大霊言《だいれいげん》』の表紙に苦言を呈《てい》する南原氏　45
南原宏治氏が考える「悪人」の演技論　47

「信仰者《しんこうしゃ》が悪役を演じることの意義」を語る　51
悪についてよく知っていることは「天使の条件」　55
「善人」も「悪人」も演じ切る力を養うためには　58

4　「役に入り込《こ》む」ための訓練法　61

自分の役柄《やくがら》を理解する「知力」は、こう養う　61
①台本に書いてある内容を理解する　62
②監督《かんとく》の意見、共演者と自分との関係などを総合的に見る　63
③日ごろから「人間研究」と「作品研究」に取り組む　64
名脇役《わきやく》になるために必要な「自制心《じせいしん》」　65
監督の意見を聞きつつ、「自分の個性」を活《い》かした演技をするには　68
高倉健《たかくらけん》、丹波哲郎《たんばてつろう》の個性が光る演技力　71
平凡人《へいぼんじん》から上がっていくために必要な努力とは　74

5 人気者になって嫉妬《しっと》されたら、どうすればいい？ 77
「自分の見せ方」と「周りへの気配《きくば》り」がポイント 77
映画やドラマも「チームプレー」で成り立っている 80
6 役者に必要な「人間観察力」とは 83
「他人《ひと》の期待に徹《てっ》するのがエンターテイナー」 83
「龍馬《りょうま》の役は一生やりたかった」 86
「人間観察」が身につけば、すべての経験が演技の材料になる 90
7 「型にとらわれない生き方」は坂本《さかもと》龍馬に学べ！ 94
南原宏治氏の「人間らしさ」の秘密を探《さぐ》る 94
「龍馬先生の教えに忠実に生きていこうと志しとった」 99
8 「存在感」のある俳優・女優になる秘訣《ひけつ》 105
主役を張るために必要な「自尊心《じそんしん》」とは 105

プロになるには「小成《しょうせい》してはならない」 111
〝空振《からぶ》り〟をしたあとの悔《くや》しい思いを明かす 115
リハーサルなしで一万人の前で話すことは至難の業《わざ》 120
「失敗の経験」を積むことで、自惚《うぬぼ》れが削《けず》り取られて謙虚《けんきょ》になる 124
何十回も龍馬を演じた人間が「本物」と感じた『坂本龍馬の霊言』 126
「本仏下生《ほんぶつげしょう》の時代が来た」と懸命《けんめい》に総決起《そうけっき》を呼びかけた 128
何十歳《さい》も年上から認められてこそ本物 130

9 〝異物《いぶつ》〟を受け入れる組織をつくれ！ 132

ニュースター・プロダクション社長に期待する「イノベーター役」 132
大川紫央《しお》総裁補佐《ほさ》にも「イノベーター」の素質が隠《かく》されている 138
組織がだんだん戒律《かいりつ》主義的に固まっていくことへの懸念《けねん》 141
組織には適当な〝異物〟を受け入れる力も要《い》る 145

10 俳優・タレントの卵たちへのアドバイス 149
政治・教育・国際・芸能のそれぞれで「プロ」を目指せ 149
「天使」であるからこそ「悪魔《あくま》の心」も知らなければならない 152
「神様・仏様の慈悲《じひ》」を知る人だからこそ演じられる「悪」もある 154
演技を通して「人生について考えるヒント」を与《あた》える 157

11 「過去世《かこぜ》」はやっぱり〝NG〟？ 162
前回の霊言では明かされなかった「本当の過去世」を訊く 162
南原氏が天上界で交流のある人物とは？ 168
霊言の最後に南原宏治氏が出した映画の構想とは 174

12 南原宏治氏による「演技論講義」を終えて 179

あとがき 182

「霊言現象《れいげんげんしょう》」とは、あの世の霊存在の言葉を語り下ろす現象のことをいう。これは高度な悟《さと》りを開いた者に特有のものであり、「霊媒現象《れいばいげんしょう》」（トランス状態になって意識を失い、霊が一方的にしゃべる現象）とは異なる。

なお、「霊言」は、あくまでも霊人の意見であり、幸福の科学グループとしての見解と矛盾《むじゅん》する内容を含《ふく》む場合がある点、付記しておきたい。

南原宏治《なんばらこうじ》の「演技論」講義

二〇一六年二月十九日　収録
東京都・幸福の科学総合本部にて

南原宏治《なんばらこうじ》（一九二七～二〇〇一）

俳優、演出家。幸福の科学本部講師。神奈川《かながわ》県出身。東京大学農学部中退。一九五一年、コンテストで「ミスター日本」に選ばれ、芸能界デビュー。映画「ゼロの焦点《しょうてん》」「網走番外地《あばしりばんがいち》」、テレビドラマ「羅生門《らしょうもん》」「無法松《むほうまつ》の一生」「白い巨塔《きょとう》」等、主演・出演作品は多数。映画「スター・ウォーズ」のダース・ベイダーの劇場公開版吹《ふ》き替《か》えのほか、パナソニックや日本IBM、小《こ》林《ばやし》製薬のCM等にも出演している。一九八六年、霊言集《れいげんしゅう》に出合い、翌八七年に入信。その後、幸福の科学の職員となり、伝道部長や財務の特命担当を務め、晩年は救世運動に尽力《じんりょく》した。

質問者

大川紫央《おおかわしお》（幸福の科学総裁補佐《ほさ》）

竹内久顕《たけうちひさあき》（ニュースター・プロダクション〔株〕芸能統括《とうかつ》専務取締《とりしまり》役
兼《けん》 幸福の科学メディア文化事業局担当理事）

雲母《きらら》（幸福の科学宗務《しゅうむ》本部総裁室 芸能部門アシスタント〔非常勤〕
兼 ニュースター・プロダクション所属）
〔収録時点・ニュースター・プロダクション所属〕

希島凛《きじまりん》（ニュースター・プロダクション所属）

1　名優・南原《なんばらこうじ》宏治氏の特別霊指導《れいしどう》で「演技論」を訊《き》く

分かりやすい「演技論」のテキストをつくりたい

大川隆法　今朝《けさ》ほど（二〇一六年二月十九日）、『俳優・南原宏治《なんばらこうじ》のガハハ大霊《だいれい》言《げん》』（幸福の科学出版刊）という本の原稿《げんこう》を校正していました。この本の元になった霊言は二〇一三年の八月に録《と》ったものですが、〝タブー〟に触《ふ》れたところがかなりあったため、二年半ほど〝封印《ふういん》〟されていたのです。

　そのせいか、最近、南原さん（の霊）から、「スター養成スクールやニュースター・プロダクション

『俳優・南原宏治のガハハ大霊言』
（幸福の科学出版刊）

も本格始動に入ったようです。また、HSU（ハッピー・サイエンス・ユニバーシティ）にも、今年（二〇一六年）の四月に未来創造学部が新設され、芸能・クリエーター部門専攻《せんこう》コースができて、演技指導などがいろいろと必要になってくるでしょう。そこで、演技論の講義を私にもやらせてもらえないでしょうか」ということを言ってきました。

それを知った当会の執行部《しっこうぶ》が慌《あわ》てて、「封印していた〝禁書〟を出そう」ということになり、そう決定した段階で、南原さんがすぐに次の霊言を送ってこようとしているわけです。

ただ、前回の「南原宏治のガハハ大霊言」はやや羽目《はめ》を外《はず》しすぎたので、今回は、〝南原宏治霊言〟というところはできるだけ小さくしたいと思います。それよりも、南原さんは、「実際に、俳優として何十年か演技をされてきた方」という意味では、プロ中のプロですので、そうしたプロに、当会の映画等に出ている

●HSU（ハッピー・サイエンス・ユニバーシティ）　「現代の松下村塾」として2015年に開学の「日本発の本格私学」（創立者・大川隆法）。「幸福の探究と新文明の創造」を建学の精神とし、初年度は「人間幸福学部」「経営成功学部」「未来産業学部」の3学部からなる（4年課程）。2016年度から、新たに「未来創造学部」が開設する。

人や、これから出る人たちから、演技をしていく上での心掛《こころが》けや訓練、考え方など、心に浮《う》かんでくるいろいろな疑問や質問を訊《き》いていただいて、俳優人生の体験からお答えいただこうかと考えています。

これが、ある意味で、分かりやすいテキストになるのではないかと思うのです。

南原宏治氏は昭和期を代表する俳優の一人

大川隆法　なお、南原さんが亡《な》くなったときには、全国紙の夕刊に写真付きで、「南原宏治氏、死去《しきょ》」という記事が載《の》りました。そのように全国紙の夕刊に出るというのは、一流の証明です。

最近、霊言をしに来ている人たちも、だいたい、みなそうです。作家で直木賞《なおきしょう》を取られた野坂昭如《のさかあきゆき》さん、あるいは、（日本相撲《すもう》協会の）北《きた》の湖《うみ》前理事長、「ゲゲゲの鬼太郎《きたろう》」の水木《みずき》しげるさんなど、みな全国紙の一面に出た人たちです（『野坂昭如の霊言』『元相撲協会理事長　横綱《よこづな》北の湖の霊言　ひたすら勝負に勝つ法』『水木しげる　妖怪《ようかい》ワールドを語る』（いずれも幸福の科学出版刊）参照）。

また、当会に関係のある人で言うと、直木賞作家の景山民夫《かげやまたみお》さんが亡くなったときも、やはり、新聞の夕刊の一面に、きちんと写真入りで出ました。そこまで行く人は、だいたい一流ということです。

南原さんは、芸能界で一流まで行っておられますし、当会においても、初期から信者になられており、本部講師もされた方です。

ちなみに、南原さんには、丹波哲郎《たんばてつろう》さんや高倉健《たかくらけん》さんと並んで、三人で出演されている作品が多くあ

『水木しげる
妖怪ワールドを語る』
（幸福の科学出版刊）

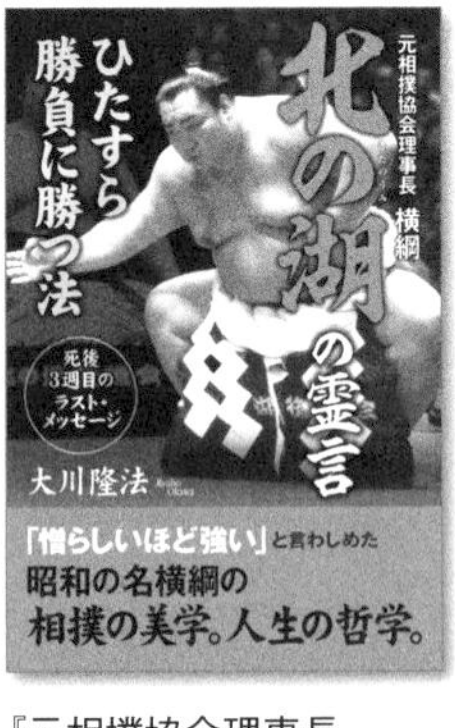

『元相撲協会理事長
横綱北の湖の霊言
ひたすら勝負に勝つ法』
（幸福の科学出版刊）

『野坂昭如の霊言』
（幸福の科学出版刊）

ります。そういう意味で、南原さんは、昭和期を代表する俳優の一人だろうと思います。

もし南原氏が生きていて、もう少し若かったら？

大川隆法　今日、総合本部に出てくる前に、古い映画ですが、「網走番外地《あばしりばんがいち》」という作品（一九六五年公開）を観直《みなお》してみました（笑）。今述べたお三方《さんかた》の丹波哲郎さん、高倉健さん、南原宏治さん、それから田中邦衛《たなかくにえ》さんなど、そうそうたるメンバーが出ていました。

やはり、南原さんは大御所《おおごしょ》であり、そういう立場で見ておられると思います。

今、当会も新しく、映画のほうを本格的に始動していますので、もし南原さんが生きておられて、もう少し若ければ、直接やりたかったでしょう。

実は、幸福の科学を始めて一年ぐらいのときに、南原さんが「〝南原劇団〟を始めたい」というようなことをおっしゃって、チラシをつくり、生徒まで募集《ぼしゅう》して、劇団を始める寸前《すんぜん》まで行ったことがありました。当時、当会は西荻窪《にしおぎくぼ》（東京都杉並区《すぎなみ》）に道場があり、そこで劇団をやろうとする寸前まで行ったのです。

しかし、私は、「まだ支部ができていない段階で、劇団というわけにもいかないのではないですか」と言って、ストップをかけました。

結局、その後、二十年ぐらいかかったと思いますが、今、そういう感じになってきたのではないでしょうか。

その意味で、「南原さんとしては、やりたかっただろうな。残念だったろうな」と思っています。おそらく、教えたいことがあったのでしょう。

講演会で大川隆法の「唇《くちびる》の動き」を観察していた理由とは

大川隆法　また、南原さんは、映画の演技論だけではなく、プラスアルファとして、人前に出て話をするなど、いろいろな表現者となるための訓練というか、心掛けのようなものも、ずっと研究なされていたように思います。発声法など、そのあたりのことまで見ておられました。

例えば、南原さんは、私の説法《せっぽう》のときに、いつも前のほうに座《すわ》っていたのですが、私の唇《くちびる》ばかり、ずっと見ていたのです。こちらも気にはなるのですが、いつも、私の口の動き方をジーッと見ていました。顔は見ずに、唇ばかり見て、「説法のたびに、口の動き方が違《ちが》う」と言うわけです。

実は、私の唇の動き方を見て、講演の指導霊を当てようとしていたらしいのです。「今日の指導霊は誰《だれ》かな」と思って見ていると、やはり、声の出し方や大きさ、間《ま》の取り方、発声法、唇の動きが微妙《びみょう》に違うのでしょう。

ただ、そこをジーッと見つめられると、私も何とも言えない感じがしました（苦笑）。若い女性に見つめられるのならよいのですが、「三十歳《さい》上のベテラン俳優に、ジーッと口元を見られ続ける」というのは、何とも言えない気分ではありました。ともかく、講演会でも、私の真正面で口の動きをジーッと見ているので、それなりの別種の緊張《きんちょう》を感じたのを覚えています。

初期のころ、「話し方」を教えてくれたこともある

大川隆法　それから、南原さんからは、個人的に手紙が来たり、口頭《こうとう》でいろいろと、話し方について意見を伺《うかが》ったりしたこともあります。

一九八九年だったと思いますが、当時、年に七十回ほど説法をしていたときがありました。今であれば、それほど多い回数ではないのですが、当時は、まだ素人《しろうと》に毛が生《は》えたぐらいのころだったので、そのくらい説法をすると、声が出なくなってしまったことがあったのです。

それで、困っているときに、南原さんと、当時の奥様《おくさま》とが一緒《いっしょ》に来られ、「発

声法の練習をしないと、このままでは喉《のど》が潰《つぶ》れてしまいますよ」というようなことを言われたのを覚えています。「もっとお腹《なか》から声を出して、もう少し間合いを取らないと、喉を完全に潰してしまいます。あの話し方で、あの量を、あの時間で話したら、声が完全に潰れます」と、すごく心配してくださったのです。

また、今は加湿器《かしつき》や霧吹《きりふ》きをよく使っていますが、「霧吹きも入れないと駄目《だめ》だ」ということまで、言ってこられたのを覚えています。

「やはり、それぞれ、専門の道はあるのだな」ということを感じました。

南原宏治氏の霊《れい》に、芸能界を志《こころざ》す者への「講義」を依頼《いらい》する

大川隆法　今日は、前回の「ガハハ大霊言《だいれいげん》」のようにはやりません。できるだけ真面目《まじめ》に、また、講義風に使えるように話をしてもらおうと思います。

ただ、質問によって〝崩《くず》れて〟しまった場合にはしかたがないので（笑）、そ

のときは諦《あきら》めて、そのまましゃべってもらおうと思います。

ちなみに、質問者のうちの二人（雲母《きらら》、希島凛《きじまりん》）は、映画「天使に〝アイム・ファイン〟」（製作総指揮・大川隆法。二〇一六年三月十九日より全国公開）に出演しています。

竹内さんは今、当会の次のスター養成を含《ふく》めて、芸能関係をいろいろと仕切《しき》っているところだと思います。

なお、大川紫央《しお》総裁補佐《ほさ》も座っていますが、芸能界デビューというわけではありません（笑）。

南原さんは、生前、「坂本龍馬《さかもとりょうま》役を、日本でいちばんやった男」と自負《じふ》しておられたように、龍馬に対する憧《あこが》れをすごく強くお持ちで、「坂本龍馬の霊言」（現在は『大川隆法霊言全集』第11巻〔宗教法人幸福の科学刊〕に所収）が本になって出たあとに、（一九八七年に）当会に入会されました。

2016年3月19日（土）公開

映画

天使に I'm fine! アイム・ファイン

大川隆法 製作総指揮

天国の神殿で、一人の天使が祈りを捧げていると、地上で生きる5人の悩みや苦しみのビジョンが見えてきた。いじめ、生活苦、病気、失望、挫折──。天使は地上に舞い降り、彼らが幸せになるためのヒントを与えるが……。目に見えないものをなかなか信じなくなった現代人に天使の思いは届くのか。

映画「天使に“アイム・ファイン”」には、人々をさまざまな挫折から立ち直らせ、幸福に導くためのエッセンスが散りばめられている。

ニュースター・プロダクション作品

原作

『アイム・ファイン』
大川隆法著
（幸福の科学出版刊）

そのため、「ぜひとも、総裁補佐と話をしてみたい」ということで、ご指名があったのです（注。以前のリーディングのなかで、大川紫央の過去世《かこぜ》の一つは、坂本龍馬であることが判明している。二〇一一年六月十六日収録の「諸葛孔明《しょかつこうめい》／劉備玄徳《りゅうびげんとく》を求めて」参照）。

本当は、南原さんから、最初、「総裁補佐一人だけの質問者でやりたい」と言われたのですが、総裁補佐が「私は演技の質問はできません」と言うので、あとの人たちは〝犠牲者《ぎせいしゃ》〟になるのかどうか分かりませんが、呼ばれたわけです。

ともあれ、少なくとも最初は真面目に、ＨＳＵやその他で、スターの教育用に使えるように、できるだけ頑張《がんば》りたいと思います。

今日は、生前の南原さんをよく知っていて、食事をしたとか、話をしたとかいうような人は呼ばないようにしました。そういう人と話すと脱線《だっせん》して止まらなくなるので、なるべく、そういう感じではないほうで、頑張れるところまで行きたいと思います。

もし、話が遠回しに〝カーブ〟で変なところに入ってき始めたら、それは適当に〝ファウル〟にして、〝場外〟に出しても構わないとは思います。

では、行きますね。もう来ていらっしゃいますけれども、しゃべらないと、すっきりなさらないようなので……。

南原宏治さん、どうか、芸能界を志《こころざ》す者たち、あるいは、さまざまな役割を得て人前で話す人たちの、今後の参考になるようなご指導を、講義のかたちでくださいますよう、心の底からお願い申し上げます。

よろしくお願いします（手を三回叩《たた》く）。


（約三秒間の沈黙《ちんもく》）

2　「名悪役」が伝授する「天使」の演じ方

「大川隆法を演じてみようかな」と語る南原宏治氏

南原宏治　はい、はい。

竹内　こんにちは。

南原宏治　ああ……。

竹内　南原宏治さんでいらっしゃいますか。

南原宏治　うん？

竹内　南原宏治さんでいらっしゃいますでしょうか。

南原宏治　ああ、君ねえ、バカげたことを訊《き》くんじゃないですよ。

竹内　すみません（笑）。失礼しました。

南原宏治　呼んだんだから、そら、そうだろうよ。

竹内　はい。そうですよね（会場笑）。失礼しました（笑）。

南原宏治　うん。

竹内　今日は、ぜひ、南原さんに演技論を種々《しゅじゅ》、伺《うかが》っていきたいと思いますので、よろしくお願いします。

南原宏治　今日はねえ、「〝大川隆法〟を演じてみようかなあ」と思ってるんだが。

竹内　どういう意味ですか（笑）。

南原宏治　いや、「南原宏治」じゃなくて、「大川隆法」を、私が演じられるかどうかやってみようと思ってる。

竹内　そうですか。

南原宏治　ああ。「大川隆法の講義みたいに見えないかなあ」と。

竹内　いえ、「南原さん」で結構ですので。

南原宏治　ああ、いいの？

竹内　はい。

南原宏治　うーん、頑張《がんば》ってみる。いやあ、東大だよ、僕《ぼく》も。僕も東大なんだよ。

竹内　はい。存じております。

南原宏治　卒業してないけどね。

竹内　はい。

南原宏治　うん。入るだけ、入ってるんだよ。試験はほとんどなかったけどね。

大川隆法を演じて「成功した」と言える条件とは

竹内　（質問者の雲母《きらら》と希島《きじま》を指して）今日は、当会のニュースター・プロダクション所属の二人もいます。

本霊言は、2016年2月19日、幸福の科学総合本部にて、公開収録された（写真）。質問者は右から、幸福の科学の大川紫央《おおかわしお》総裁補佐《ほさ》、ニュースター・プロダクションの竹内久顕《ひさあき》芸能統括《とうかつ》専務取締《とりしまり》役、所属タレントの雲母《きらら》、希島凛《きじまりん》。

南原宏治　そらあもう、鍛《きた》えがいがあるねえ！　じゃあ、演技指導を実地《じっち》でやってみようかな。

竹内　ええ。ぜひ、よろしくお願いいたします。

南原宏治　もう実地で、「男がこう攻《せ》めてきたらどうする？」とか（笑）。

竹内　そういう話は置いておきまして（笑）。

南原宏治　いやあ、それは駄目《だめ》かあ。真面目《まじめ》な講義だよな。真面目な。

竹内　三月十九日から、映画「天使に〝アイム・ファイン〟」も公開されますので、出演している主役の雲母と、希島凜が来ています。

南原宏治　ああ、そう。なるべく動員が落ちないように話をするね。

雲母　今の発言で、すでに気になったことがありました（笑）。

南原宏治　おおっ、鋭《するど》い！

雲母　「大川隆法総裁先生を演じる」という言葉がありましたが、総裁先生を演じるとすると、どのように演じられますか。

映画「天使に“アイム・ファイン”」で天使役を演じた雲母。

南原宏治　うーん、賢《かしこ》そうに見せなきゃいけないだろうね、一つはね。あとは、少しは権威《けんい》があるように見せなきゃいけないだろうね。

それから、（大川紫央《しお》を指して）奥《おく》さんの目を欺《あざむ》くことができれば、演技としては成功だろうねえ。奥さんが見て、「これは主人が言っていると思います」と言ったら、もう〝勝ち〟だね。だけど、「あれは違《ちが》うと思います」と言われたら〝負け〟だね、役者としては。負けだなあ。ハハハハ（笑）。

天上界《てんじょうかい》ではどのような演技指導をしているのか

雲母　（笑）やはり、演技がお好きなのだと思いますが、今も演技をされていますか。

南原宏治　今も演技をしているか？　いやあ、うーん……。

雲母　天上界《てんじょうかい》などで。

南原宏治　ああ、天上界で。

雲母　はい。

南原宏治　うーん、「天使の演技」をしているかもしれないよね。

雲母　天使の演技をする。

南原宏治　そうなんだ。あなた（雲母）もやってたと思うけど（注。雲母は、映画「天使に〝アイム・ファイン〟」で天使の役を演じている）。（両手を広げて、羽《は》ばたくしぐさをしながら）やっぱり、羽《はね》の振《ふ》り方とかを教えなきゃいけない。〝振り付け〟が必要だからね。

雲母　（笑）

南原宏治　天使に見えるようにちゃんと羽ばたかないと。「それはカラスに見えるよ」とか、やっぱりね？

雲母　ああ、なるほど。

映画「天使に“アイム・ファイン”」のなかで、雲母が演じた天使（右）。

南原宏治　「それじゃあ、ただのハトだなあ。駄目だそりゃあ。天使じゃないよ、それは。（両手で羽ばたくしぐさをしながら）もうちょっと、ちゃんとちゃんと羽ばたかなきゃ。天使らしく優雅《ゆうが》に羽ばたかないと」とかね。やっぱり、天上界でも演技指導は要《い》るんだよ。

雲母　なるほど。

南原宏治　天使に見えない場合があるからね。ただの鳥と間違われたりしたらいけないからね。

雲母　勉強になります。

南原宏治　でしょ？

雲母　はい。

南原宏治　うん。〝もっと早く〟聞いておくべきだったね（会場笑）。

雲母　はい。

南原宏治　だからねえ、執行部《しっこうぶ》を責めておきなさい。早く私の本を出しておけば、これはもう、あなたが演技をやる前に教えられたんだよ、私がね。

雲母　（笑）

南原宏治　監督《かんとく》なんかに訊いても駄目なのよ。（会場を見て）いたらごめんなさいよ。訊いても駄目なんですよ。

やっぱり、何十年とやったベテランで、「網走番外地《あばしりばんがいち》」にも出れて、天使の役でもできるような、こういう幅《はば》の広い俳優に訊かなきゃいけないわけよ。

雲母　なるほど。

南原宏治　（雲母を見て）不審《ふしん》がってるなあ。

「網走番外地」
（1965 年公開／東映）

南原氏は映画「天使に〝アイム・ファイン〟」の霊指導《れいしどう》をしていた？

竹内　キリスト教系の映画では、天使を演じるものがよくありますが、映画「天使に〝アイム・ファイン〟」でも、雲母は「天使の顔」というのを見せていたと思います。

南原さんなら、どのような表情で天使の顔を見せますか。

南原宏治　いやあ、私はこの人（雲母）をちゃんと指導してたんですよ、あなた。知らないの？

竹内　そうなんですか（笑）。ありがとうございます。

南原宏治　ちゃんと霊指導《れいしどう》してた。いや、私が直接、彼女の代わりに空を飛ぶわけにはいかんからね。そういうわけには立場上いかないから。私は〝霊界《れいかい》の製作総指揮〟をやっていたわけで、天使たちを集めて、雲母さんを指導させる。「その天使、はい、ちょっと行って」と言って、飛び方を指導して、表情の指導をして。まあ、（私は）後ろでやるほうだな、どっちかといえばな。自分が行って、羽をバタバタやってたら、これはちょっと大変だからね。

そういうことで、見ていたわけよ。

だから、字幕を一つ入れ忘れてるかもしれない。「三次元指導・製作総指揮・大川隆法、高次元指導・南原宏治」とか入れるべきだったかもしれないね。

天使の役は「そのものになり切ることが大事」

竹内　天使の表情というのは、具体的にどのようなものなのでしょうか。

南原宏治　いや、それはねえ、もう彼女はちゃんと「悟《さと》りの言葉」を述べてたでしょ。天使は「演じる」もんじゃないんですよ。天使は「そのものになり切る」ことが大事なんですよ（『職業としての宗教家』〔幸福の科学出版刊〕参照）。

竹内　「そのものになり切る」ということですね。

南原宏治　演じられるもんじゃない。

私なんかも、もう地《じ》のままでね、そのままで、「神様か、仏様か、天使か」というぐらいで。だいたいそのまま普通《ふつう》に話して、普通に食べて、普通に行動して、普通にトイレに寄ってたら、もう〝天使〟だから。

竹内　そうですか（笑）（会場笑）。

南原宏治　だから、私は天使を「演じる」ことはできなかったね。だけど、悪魔《あくま》は演じなきゃいけないわけよ。悪魔は経験がないから。まったく経験がない。

人生において、悪いことは一つもしたことがないんですよ、私なんかね。

竹内　（笑）

南原宏治　一つも悪いことをしたことがない。ほんとイエス・キリストの生まれ変わりのような私が悪魔をやるっていうのは、それは大変な苦労ですよ。

もう、一週間、一カ月前から、「悪魔の心境とは何だろうか」と考え詰《つ》め、考え詰めて、悪魔になりそうなほかの人の顔を思い浮《う》かべる。「あいつだったらこうするかなあ。こんなことを言うかもしれない。いや、こんなしぐさをするだろう」と、いろいろそれらしい人を思い浮かべるわけですよ。「丹波哲郎《たんばてつろう》が悪魔をやったらどうなるかなあ」とか、「網走番外地」に出た囚人《しゅうじん》どものいろいろな顔を思い浮かべて、「あいつらが悪魔になったらどうするだろうか」とか考える。

やっぱり、他人《ひと》の人格も一部〝吸収〟して、自分の人格として表す。努力に努力を重ねて、悪人の役をする。

私は、悪人は演じたんだ。だけど、善人を演じたことは一度もありません。

「そのものずばり」なんで。

3 「悪人を演じる」ことは難しい！

『俳優・南原宏治のガハハ大霊言《だいれいげん》』の表紙に苦言を呈《てい》する南原氏

大川紫央　本日はありがとうございます。

南原宏治　（大川紫央のベージュと黒を基調とした服装を見て）〝パンダルック〟でありがとう（注。大川紫央は著作『「パンダ学」入門——私の生き方・考え方——』『20代までに知っておきたい〝8つの世渡り術〟——パンダ学入門〈カンフー編〉——』〔共に幸福の科学出版刊〕を発刊している）。

大川紫央　どうもありがとうございます。
天使の話から始まったんですけれども、南原さんといえば、「悪役三大スター」の一人であられると思います（笑）（会場笑）。

南原宏治　いや、そんなの聞いたことないや。
今日の本（前掲《ぜんけい》『俳優・南原宏治のガハハ大霊《だいれい》言《げん》』）のね、あの表紙は問題あるよ、あれなあ。何だ、あれ。「悪役で有名な何とか」って書いてあるだろう？（注。『俳優・南原宏治のガハハ大霊言』の表紙の帯には、「日本一の悪役スターは、天国に還《かえ》っても言いたい放題！」と書かれている）

『「パンダ学」入門
――私の生き方・考え方――』
（幸福の科学出版刊）

『20代までに知っておきたい
“8つの世渡り術”
――パンダ学入門
＜カンフー編＞――』
（幸福の科学出版刊）

大川紫央　（笑）

南原宏治　あれは後世《こうせい》に誤解を与《あた》える余地があるなあ。

「龍馬《りょうま》役の出演回数で、とっても有名な」とか、今で言やあ、「ギネス記録の南原宏治」とか、いろいろあるだろう。

南原宏治氏が考える「悪人」の演技論

大川紫央　ただ、今日の午前中に、「網走番外地《あばしりばんがいち》」を少しだけ観《み》させていただいたのですけれども、やはり、南原さんの顔がいちばん悪そうに見えて……（会場笑）。

南原氏の演技論について訊く
大川紫央総裁補佐。

南原宏治　いや、私はね、あなたには「網走番外地」じゃなくて、「極道《ごくどう》の妻《おんな》たち」を観ていただきたい。

大川紫央　（笑）

南原宏治　やっぱり、あなたが目指すべきは、岩下志麻《いわしたしま》です。あれですねえ。あれをやらねばいかん。

大川紫央　岩下志麻……（苦笑）。ところで、南原さんは信仰《しんこう》にも出会っておられるわけですが、画面で、あれだけ悪そうな感じを出せる技《わざ》というものがあるのでしょうか。

南原宏治　「俺《おれ》が悪そうに見える」という目が……。ちょっと近眼なのと違《ちが》うか？　大丈夫《だいじょうぶ》か？

大川紫央　いえ、高倉健《たかくらけん》さんとか、田中邦衛《たなかくにえ》さんとか……。

南原宏治　ああいうふうにね、一見、かわいい顔をしてるやつが、ほんとの悪人なんですよ。悪い顔をしてる悪人はいないんです。

大川紫央　でも、お声を聞いても、やはり、いちばん悪そうだったのですが……

（会場笑）。

南原宏治　いや、それはねえ、演技がいちばん上手《うま》いんだよ。演技が上手いんだ。「悪人の声に聞こえるような声」を出すっていう人にはね、善人しかいないんですよ。悪人が悪人の声を出したら、悪人って、バレちゃうじゃないですか。ほんとの悪人は、悪人ってバレないようにするんですよ。
マフィアの首領《ドン》、「ゴッドファーザー」みたいな人は、みんな善人のような感じですね。ほんとに、懐《ふところ》の深い、慈悲溢《じひあふ》れる姿そのものじゃないですか。大統領でもできそうな感じのいい人格で、下のやつ、手下が悪いことをするんでしょ？

大川紫央　（苦笑）
そういうふうに、やっぱり悪人には見えないのが、ほんとの悪人なの。
だから、私が悪人に見えてるっていうのは、そら、無理してるんですよ。

「信仰者《しんこうしゃ》が悪役を演じることの意義」を語る

大川紫央　ニュースター・プロダクションのみなさんは、やはり、天上界《てんじょうかい》のほうに心を合わせようとされていて、そちらのほうが強みなので、悪人役のほうは、なかなか難しいのかなと思うのですけれども。

南原宏治　そらあ、駄目《だめ》、駄目。天上界の心には日ごろ合ってるんだから、もうそれでいいわけですよ。

大川紫央　なるほど。

南原宏治　勉強してる間に、ちゃんと合ってるから。

やっぱり、演ずべきはね、そこから離《はな》れていった人の苦しむ姿です。それを演じ、そこからどうやって脱出《だっしゅつ》していくか。このへんの人間の「心の葛藤《かっとう》」や「人間関係の葛藤」を描いて、観てる人が、このなかに自分を投影《とうえい》していくところまで、グーッと持っていったら、そらあ、本物だな。

大川紫央　では、「悪人を演じる上でも、いろいろな人の感情が分かっていないといけない」ということですよね？

南原宏治　そう、そう。
雲母さん、〝卒業〟しようと思ってるでしょ？　そうはいかないんですよ。やっぱり、天使を演じたら、次は「堕《だ》天使」をやらなきゃ駄目なんじゃないの？

雲母　そうですか。

南原宏治　やっぱり、両極端《きょくたん》を経験しないと本物にはなれないですよ。

雲母　はい。

南原宏治　（希島を指して）あなたは、今回（映画「天使に〝アイム・ファイン〟」）、身障者《しんしょうしゃ》の役で出たのね？　（主人公の）姉の役ね。

希島凛　はい。

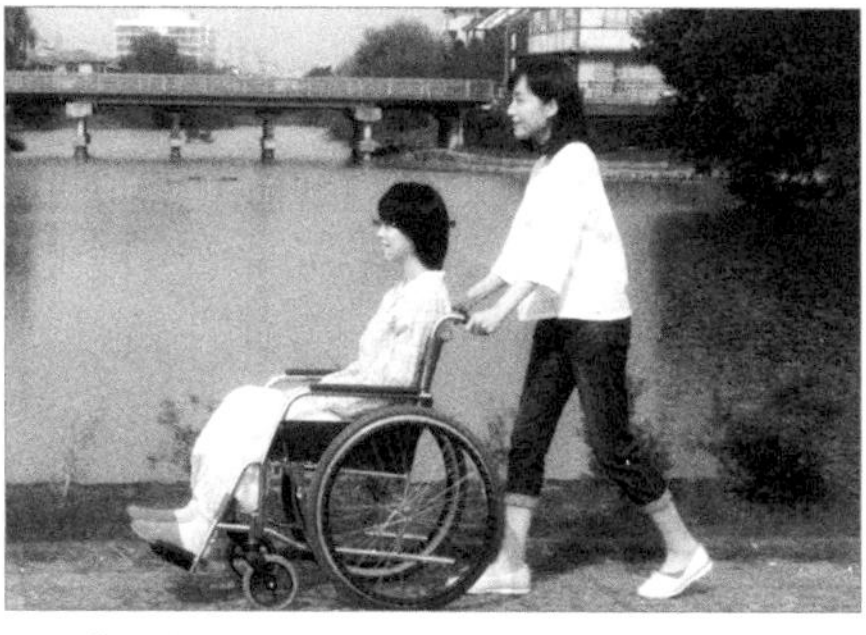

映画「天使に“アイム・ファイン”」のなかで、希島凛は主人公の姉役を演じた（左）。

南原宏治　（雲母に）だから、次は、「姉がいい女優で、それに嫉妬《しっと》した妹が嫉妬のために地獄《じごく》に堕《お》ちてしまって、堕天使になって、これをどうやって救い上げるか」っていうような、そういうのに出るといいなあ。演技の幅《はば》が、グーッと広がって、一流に入るなあ。

雲母　（笑）今、悪役の話が出ているのでお訊《き》きしたいのですが、信仰者《しんこうしゃ》として悪役を演じるに当たって、抵抗《ていこう》するような気持ちなどはありましたか。

南原宏治　いや、まったくないです。

私は、普段《ふだん》から聖人君子《せいじんくんし》でしょ？　みんな、普段の生き方から聖人君子だと思ってるから。そこでパッと切り替《か》わって、それ（悪役）を演じたら、みんなが「はあ、なかなか上手だなあ」と思ってるのを、ひしひしと感じたからね。それで特に罪悪感を感じるなんてことは、まったくなかったね。

悪についてよく知っていることは「天使の条件」

雲母　それについて、何かコツはありましたか。普段、信仰者として生きておられたと思うのですが……。

南原宏治　やっぱりね、「悪を知る」ということは、本当は、「人間の持っている悩《なや》みや苦しみを知る」ということなんだよね。それを知っていないといけない。「単に悪が存在する」なんてことはありえないんですよ。生きてる間に、いろいろな苦しみや悩み、それから、自分自身の責任として受け止められない部分を、ほかの人に転嫁《てんか》して、ほかの人のせいにしたくなる。ね？　ほかの人のせいとか、会社のせいとか、あるいは、警察のせいだとか、政治家のせいだとか、いろんな人のせいにして、自分の悪を正当化しようとする。それが悪人の普通のスタイルですよね。

その意味で、裏返《うらがえ》せば、悪についてよく知っているということが、「天使の条件」なんですよ。要するに、天使っていうのは、「何もない、穴吹川《あなぶきがわ》の上流みたいな、澄《す》み切った川であればいい」っていうわけではない。そんなことはないですよ。

天使っていうのは、何て言うか、川の河口に近いところの、塩水《しおみず》と真水《まみず》が混ざって、海の魚と川の魚が混ざって、さまざまなゴミが流れ着いてきてる、その渦《うず》巻《ま》いてるなかにおいて光り輝《かがや》かなければいけないわけよね。

（雲母に）分かるかな？ ちょっと難しかったか。

雲母　何か、天使の奥深《おくぶか》さというか……。

南原宏治　つまり、悪に近づかないで、「一切《いっさい》、知りません。感じません。交際しません。経験してません。だから、天使です」っていうのでは、やっぱり、ちょっと甘《あま》いわけで。

「じゃあ、そういう人を、ここに置いてみたらどうなるか」っていうことだよな。例えば、真水で泳いでる魚を塩水に入れてみたら、どうなるか。あるいは、塩水で泳いでる魚を真水に入れてみたら、どうなるかっていうことだよ。

現実はどうかというと、真水で泳いでる魚を塩水に入れても……、死にかかってる魚だったら、元気になって泳ぎ出したりする。逆に、塩水で泳いでる魚を真水に入れるとどうなるかっていうと、しばらくすると苦しがってくる。これが、まこと不思議なところですけどね。塩が、いったいどういう効能を持ってるのかは分かりかねるけれども、そういうところがありますね。

「善人」も「悪人」も演じ切る力を養うためには

南原宏治　でも、実際、どちらでも演じられるだけの力は必要で、どっちが難しいかと言うと、やっぱり悪人を演じるほうが難しいことは難しい。

そりゃあ、顔が生まれつき〝悪人の顔〟をしてる場合は、演じやすいってことはあるよ。最初から〝悪人用の顔〟と見てオーディションを受けて、悪人役として採用されるタイプの人、つまり、「全部、悪人」っていう人ね。

ただ、私みたいな、「ミスター日本」に選ばれたような人が悪人を演じるっていうのは、それはそれは大変な技能を要するわけね。「ミスター日本」ですからね。「ミスター悪魔《あくま》」じゃないよ。「ミスター日本」に選ばれた人が、悪役をあえて演じる。ここが難しいところだよな。

竹内　うーん。

南原宏治　それだけ、百パーセント、心を自由自在に支配できる。さらに、表情まで支配できる。手の動き、考え方、それから上手《じょうず》な人になると、ほとんど体を動かさず、体が動く前に、表情だけで演技してしまうな。言葉なんか使わない。口なんか使わないで、目の動き一つで演じ切ってしまうところがある。目の動き一つで、悪人の役も善人の役もできるわけよ。

例えば、鏡を見て、目だけで、「はい。これから、前科《ぜんか》十犯《じゅっぱん》、二十年の刑《けい》を受けた人の目をやってください」とかね。なかなか大変だよ。そんな簡単にできない。「じゃあ、これから、目だけでイエス・キリストを演じてください。はい、どうぞ」とか。「はい、次は仏陀《ぶっだ》の目です。どうですか」「はい、次は孔子《こうし》様の目です」とかね。簡単ではないですよ。そらあ、簡単じゃない。

この裏には、やっぱり、厳しい「人間研究」と「教養」だな。いろんな教養が必要だね。

4 「役に入り込《こ》む」ための訓練法

自分の役柄《やくがら》を理解する「知力」は、こう養う

竹内 「南原さんは、役が決まると、その役についての研究をそうとうされた」という話を伺《うかが》いました。読書や文献《ぶんけん》に当たるのはもちろんのこと、映画の舞台となる現場におもむいて、役についての深い部分まで探究していたという話を聞いたのですが、役に入り込《こ》むための自己研鑽《けんさん》の仕方としては、どのようなものがあるのでしょうか。

南原宏治 そらねえ、日蓮聖人《にちれんしょうにん》ではないけれども、「芸能界において、日本一の

智者《ちしゃ》たらん」と、そういう志《こころざし》を立てとったっていうことだな、常々《つねづね》ね。「芸能界で、わしより賢《かしこ》いやつはおらんだろう」と、いつも本心では思うてはおったけども。だけども、その賢さはね、表現の仕方が違《ちが》うからね。やっぱり、演技を通してでしか、表現ができないのでね。

①台本に書いてある内容を理解する

南原宏治　もちろん、台本が与《あた》えられることが多いから、「台本を理解できる」という、その理解力の深さは非常に大事だわな。作家とか脚本《きゃくほん》家とかが、いろいろ書いてるんでしょうけれども、その人が書いてることの意味を、表面的に、だいたい理解することはできるとは思うよ。

でも、「全体のなかで、流れのなかで、他の人とのかかわりのなかで、それがどういう意味を持つのだろうか」、「自分が表現するとしたら、これはどういうかたちになるのだろうか」、それから、もし相手役が分かっている場合、「相手との関係でこれを表現するとしたら、どういう解釈《かいしゃく》をすれば、これが上手《うま》く表現できるのだろうか」というところは、やっぱり、ほんとに難しいところだな。

②監督《かんとく》の意見、共演者と自分との関係などを総合的に見る

南原宏治　だから、自分のことだけを考えてもいけないんだな。自分のことにも熱中しなきゃいけないんだけども、同時に、共演してるほかの人たちの立ち位置や演技力、あるいは、監督《かんとく》の意見、そういうものを総合的に見る目も持つこと。それと同時に、自分自身が最大限の演技をすることだね。

それも、「主役をやる場合」と「脇役《わきやく》をやる場合」では違いがあるのでね。主役として輝《かがや》く場合もあるけど、脇役の場合だったら、実は、自分で入れた得点ではなくて、「主役をどう輝かせるか」というところが得点になってくる。

何だろうね、サッカーとかで言えば、パスだよな。シュートする人にパスを集めていくでしょ？　あの役が脇役だけど、やっぱり、いいところに球《たま》を出さないと入らないわね。パスの出し方が悪いと止められてしまいますから、必ずね。

そういう、「自分の役柄《やくがら》をよく理解する」という意味での「知力」は必要だね。

③日ごろから「人間研究」と「作品研究」に取り組む

南原宏治　そのためには、常日ごろの「人間研究」というか、いろいろな人との付き合いで勉強しておくことは必要だけども、もう一つは、「作品研究」だな。

小説とか、そういうものもしっかり読んでおくことも大事。教養をつけておくことは大事だけれども、映画なら映画で、いろんな作品について、さまざまな役柄を観《み》て、勉強しておくっていうか、「あのときに、あの人だったら、こういうふうに演じたな」っていうパターンを、幾《いく》つか知っておくことは大事だろうね。

そういうことを知った上で、「自分としてのオリジナリティは、どこにあるか」、これを考える。これは大事なところだな。

だから、やっぱり、勉強は要《い》りますよ。

名脇役《わきやく》になるために必要な「自制心《じせいしん》」

竹内　今、名脇役《わきやく》の話が出ましたが、勉強をするなかで、主役を引き立てることと、「自分のオリジナリティを発揮する」というものを、どのようにしていけばよいのでしょうか。

南原宏治　いや、それは実に厳しいよ。名脇役になるには、「自制心《じせいしん》」が、すごく必要だよな。主役のほうはさ、場合によっては、自我を解放しても行ける場合もあるんだよね。

竹内　はい。

南原宏治　主役を選ぶ場合は、だいたい最初から、その人に合いそうな、できそうな役で指名が来るからさ。オーディションに通って、「だいたい使える」と見た人を取るからね。

ただ、脇役の場合、そうとは言えない。脇役を当てられたら、映画が成り立つようにやらなければいけないので、自制心というのが、すっごく必要になって、自分を抑《おさ》えなきゃいけない面が強く出てくるね。

先ほど、「『網走番外地《あばしりばんがいち》』で、私が〝いちばん怖《こわ》い顔〟をしてる」みたいな言い方をされたけども、私が〝怖い顔〟をすればするほど、高倉健《たかくらけん》が〝いい男〟に見えるわけよ。ねえ？　それだけ高倉健にファンがつく。中国人までファンになる。

そこまで持っていくには、こちらがいかに……、本当は二枚目のいい男なのに、そうではない犯罪者のように見せなきゃいけないから。いや、けっこう苦労は要るんだよ、それだって。ほんと、そうなんだよ。

やっぱりね、ほんとは、坂本龍馬《さかもとりょうま》役がやりたいのに、人斬り以蔵《ひときりいぞう》役が回ってくる場合もある。「龍馬をやりたいなあ」と思うけど、なかなか龍馬役なんか回ってこないっていうことなら、しかたがない。人斬り以蔵に徹《てっ》しなきゃいけないなあ。暗い感じの。ね？（刀を振《ふ》り回すしぐさをしながら）暗い感じで人を斬るっていうのをやってかなきゃいけない。

そういう意味で、何て言うかね、自分をよく発揮するだけでは駄目《だめ》で、よく抑え、よく変化させる。

サッカーの例を引き続き使えば、（サッカー選手は）足技で〝球遊《たまあそ》び〟をするじゃないですか。自分の足で球遊びしながら、どこへ打つか分からないように相手を攪乱《かくらん》したりするでしょ? 脇役等には、あんなようなところが必要なところがあるな。

希島凜　監督《かんとく》の意見を聞きつつ、「自分の個性」を活《い》かした演技をするには質問させていただきます。

南原宏治　次のエースかな? うん?

希島凜　(笑)南原さんは今まで、メインキャストとして、いろいろな作品に出演していらっしゃったと思うのですが、「監督《かんとく》の意見」を聞きつつも、「自分の個性」を活《い》かして演じるコツはありますか。

映画「天使に"アイム・ファイン"」に出演した希島凜。

南原宏治　うーん。「監督の意見」を聞きつつも、「自分の個性」を活かしていく……。

希島凜　監督の思いなどを受け取りながらも、自分の個性を出して演じるコツを……。

南原宏治　いやあ、それは、やっぱり、芸歴というか、今までの実績と相関関係があるんだよなあ。

初めてに近い人だと、そら、まずは監督の言われることを忠実に守ってやらないと認められないだろうけどもね。

ただ、芸歴がある程度重なってきて、「この人には、こういう演技ができる」

とか、「こういうことをさせないと、ちょっともったいない」とかいう、客観的な目ができてくるようになったら、監督のほうが、「こういうふうにしろ」と言っても、「いや、私は、こういうふうに演じたいんです」って言う役者も出てくるわな。客観的に見て、周りの人も、「そのほうがいいんじゃない?」という意見になってくると、自分なりの味を出してくるところはある。

最初は基本が大事ですから、初めてのうちは、そうした脚本を書いた方や監督の指導を忠実に……、要するに、ミートしてやれるように努力することが、最初の関門としてはあるでしょうね。

それからあとは、だんだん、実力相応に意見は言えるようになる。自分なりに表現を加えて、「ここは、こういうふうに表現したい」とかね。

高倉健《たかくらけん》、丹波哲郎《たんばてつろう》の個性が光る演技力

南原宏治　だから、高倉健《たかくらけん》みたいな俳優になってきたら、例えば、「八甲田山《はっこうださん》」という映画があるよね（一九七七年公開）。これは名作だから観られたらいいと思うけど、雪の八甲田山で、二つの隊が別のルートから行って、片方はほぼ全滅《ぜんめつ》して、片方は無事に生還《せいかん》するというドラマで、「指揮官の違いによって、どう違うか」というのを描いてる。

つまり、雪のなかの行軍で、リーダーの違いによって、片方は死者ゼロ、片方はほぼ全滅というケースですね。こういうのがあります。これは、企業《きぎょう》の研修なんかにも、たくさん取り入れられたんですけどもね。

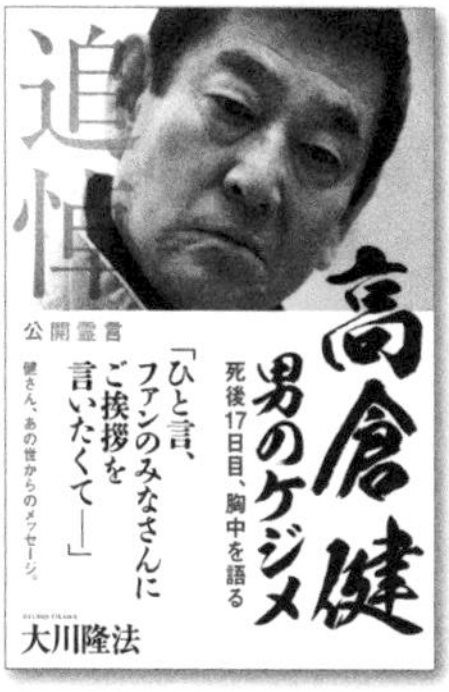

『高倉健　男のケジメ』
（幸福の科学出版刊）

そのなかで、役を演じている高倉健が、ライバルというか相手方、競争相手だったチームのリーダーが死んで棺桶《かんおけ》に入っている姿を見て、ほんとは言葉をかけなきゃいけないシーンがある。だけど、黙《だま》って見てるだけで、沈黙《ちんもく》。高倉健の沈黙。ジーッと黙《だま》ってるだけで、一言《ひとこと》も発しない。

台本どおりにしゃべらなきゃいけないけども、監督が、高倉健がジーッと立ち尽《つ》くしている姿を見て、「オッケー」で、終わりになった。そんなふうに、ほとんどしゃべらずにオッケーになる場合もある。

要するに、「同僚《どうりょう》の死を見たときに、感無量《かんむりょう》になって言葉が出なかった」っていう演技が、言葉で表す台本の演技を超《こ》えたと見たら、それでもパスすることがある。それは役者としての力量だな。そういうこともあるので、最初からだと生《なま》意気《いき》すぎるとは思うけど、ある程度、力量が認められてきたら、だんだんに自由さは出てくる。

丹波哲郎《たんばてつろう》さんで言えば、あの人は台本を覚えるのが、もう……。〝頭が悪い〟ということで有名な方であって、台本は決して覚えることはできない方で、真面《まじ》目《め》でもなかったからね。だから、暗記してこようとまったくしないので、演技するときに、「で、次は何て言うの?」「ああ、そう」って聞いて、「うーん」って、そのままいってやるという。右から聞いて、すぐやって、それであと、全然覚えてないっていうね。その場だけやる。これが丹波哲郎型だな。

これはこれなりに大物なわけで、「そんなもん、台本なんか覚えてない」って言って、教えてもらえば、「何? ああ、そう」って、そのままやっちゃう。

これは、自分の地《じ》みたいなもので、けっこう通しちゃう役だね。これでも使わざるをえないっていうか、それでも堂々とやってのける、その度胸《どきょう》がすご

『丹波哲郎
大霊界からのメッセージ』
(幸福の科学出版刊)

いってわけだなあ。

平凡人《へいぼんじん》から上がっていくために必要な努力とは

南原宏治　私の場合、晩年はやや悪役のほうに傾《かたむ》いてきたので、色がついてきて、ほかの役に使いにくくなったところは、ちょっと残念であると思う。こんなに〝いい男〟なのにね。だから、宗教でもう一回ブラッシュアップしてだな、「いい役を取れるように、もうちょっとやらないかん」と、宗教研究に入っておったわけですよ、壮年期《そうねんき》以降はね。そういうのもあります。

ちなみに、大川隆法先生は役者じゃなくて説法家《せっぽうか》だけど、どっちかと言うと、「台本なしでやるタイプ」のほうに近い人のようには見えるね。（説法の台本は）書いたこともないそうだけど。

これは一つの才能なんで、私らも、ちょっと、ここにはまだ行けないでいるんだけどね。その日のテーマというか、「時事的なテーマ」と、来ている人の「人数」や「顔ぶれ」、「年齢《ねんれい》構成」等を見て、話のレベルとかも決めて話をなさっているみたいなので。

たぶん、ぼんやりとした、だいたいのアイデアはおありなんだろうと思うけれども、それを具体化するのは本番で、「本番でやってのけるタイプ」の方ですね。だから、ある意味では、「全部アドリブでやってしまうというタイプ」の方です。こういうのは、ある程度、才能が必要なので、普通《ふつう》は厳しすぎるから、台本や材料がないとできないことですけどね。

これは別として、一般《いっぱん》に、われわれ平凡人《へいぼんじん》から上がっていくためには、台本なり、何らかの覚えてやるべきものがあって、同じものをやっても、ほかの人に比べて、より上手《うま》くやる努力はしていくことだね。

だから、そういう思いは大事で、人一倍、作者なり、脚本家なり、監督なりが期待する像に役を近づけていく努力は積み重ねていかないと、一般には難しいわね。

5　人気者になって嫉妬《しっと》されたら、どうすればいい？

「自分の見せ方」と「周りへの気配《きくば》り」がポイント

希島凛　南原さんのように人気者になってくると、いろいろな人からの嫉妬《しっと》の念《ねん》とかを受けてしまうと思うのですが、そういうものに負けないためには、どうすればいいのでしょうか。

南原宏治　嫉妬の念ねえ。私は、女の嫉妬だけは経験がたくさんあるんだけれども、一般《いっぱん》のファンからの嫉妬はそんなに経験はないし、他の役者から嫉妬されたことがあるだろうかねえ……。

いや、そういうときは、「お金がなくて〝ピーピー〟してる」というようなことを、いつも口走っとればいいわけよ。だいたい事実だから。嘘《うそ》じゃないので(笑)。この仕事をやってて、金回りがいいってのは、たまにいるよ。たまにいるけど、そりゃあ恵《めぐ》まれた人だよ。宝くじが当たったような恵まれた人なんで。

やっぱり、芸能界なんかで、「死ぬまで、お金に困らんかった」なんていう人は珍《めずら》しい奇特《きとく》な方で、たいていはお金に苦しんでますから、パトロンを見つけないかぎり生きていけない。たいていは飢《う》え死にするか、〝生存の危機〟を経験してる人がほとんどですよね。

だから、嫉妬を避《さ》けようとしたら、一つは「生活に苦労しているところを、実演技以外のところで周りに見せる」とかかな。

もう一つは、「台本を覚えるにしても、コツコツと覚えていく」ところですよね。やっぱり、みんな、こういうことをやっているかどうかってのは見てるからね。

だから、地味な仕事ですよ。シェークスピアの劇をやるのだって、本一冊を覚えなきゃいけないわけですからね。実際、大変なことですよ。それで間違《まちが》えたら、ほかの人も全部巻き込《こ》んじゃいますからね。

器《うつわ》が大きくなったら、言い間違えても平気でやり通せる力も必要になるけどね。ただ、そうした地味なところをキチッとやってるかどうかだな。

あとは、「気配《きくば》り」っていうのもあるとは思うんですけどね。「他の人への気配り」って、これはよく言われることだね。

やっぱり、中堅《ちゅうけん》どころぐらいまでは、この気配りはしっかりやらなくてはいけない。また、大物になってきたら大物になった段階で、今度は、それほどでもない方に気を遣《つか》ってやると、感謝されるようなことはある。

そういう意味で、全力で自分のことに集中したい気持ちは当然あるけれども、当然そういうときは、なければならないんだけれども、「一緒《いっしょ》にやっているほかの人たちに対する気配り」というものをやらないといけない。

映画やドラマも「チームプレー」で成り立っている

南原宏治　結局、映画とかドラマとかも、「チームプレー」なんですよね。だから、自分一人がやってると思ったら間違いなんだね。

例えば、野球はピッチャーだけが目立ってるかもしらんし、四番バッターだけが目立ってるかもしれないけど、やっぱり、九人いて成り立つ。サインプレーもあり、チームプレーもあって成り立つ。

もし、この九人のチームが一人欠けて八人でゲームをやるとなれば、一カ所、完全に穴があきますからね。そこに打てば、必ずヒットですよ。あるいは、キャッチャーがいなかったら、ピッチャーはいくら球を投げても勝てないでしょうね。

そういうことになりますから、必ず（九人は）要《い》るわけですよ。

だから、そのへんの役割をよく理解して、全体のことを考えつつも、そのなかで自分自身の、「ちょっとでもステップアップしていくことを考える努力」は要るってことだな。

そういうことで、自分の研鑽《けんさん》は一生懸命《いっしょうけんめい》やらなきゃいけないけれども、あくまでもエゴイストになってはいけないのであって、全体として合計点を上げていく。そして、製作側の人たちに満足していただくと同時に、観《み》る側のお客さんたちにも損をさせないということだね。「時間の損」「お金の損」はさせないし、できれば、「人生に何か残したい」ということだな。

だから、「網走番外地《あばしりばんがいち》」？　何が悪いか分からんけど、もし極悪人を演じることができて、「あんなふうになりたくないな」と、みんなが思ってくれたら、それは、「天使の役割」なんですよ。見るからの悪人が雪のなかで作業させられて、

「あんなことが将来待っているのか」と思ったら、悪を犯《おか》そうとしている人も、ちょっと踏《ふ》みとどまるところがある。やっぱり、それくらいの「凄《すご》み」があるといいわけで。

だけど、〝網走よいとこ　一度はおいで〟で、「ちょっと自分も（刑務所《けいむしょ》に）三年ぐらい入ってみようかな」という感じになるようではいけないわね。

そういうように、観るほうの側の役に立たないといけない。そういう思考は要《い》るということだな。

希島凜　ありがとうございます。

6　役者に必要な「人間観察力」とは

「他人《ひと》の期待に徹《てっ》するのがエンターテイナー」

雲母　先ほど、「人を理解することが大切だ」とおっしゃっていたと思うのですが、南原さんが理解することに苦しんだ役柄《やくがら》はありますでしょうか。

南原宏治　理解するのに苦しんだ……。いや、ほとんどそうだよ。そんな、私はヤクザじゃあないし、千両箱を巻き上げるような悪徳商人でもないしね。そんな経験もなければ、なかなか理解はできませんよ、現実はね。できないけど、「やってくれ」と言われたら、やらざるをえないじゃないですか。

だから、「自分には向いてない」と思うけれども、監督《かんとく》とか、その他の人から、「いやあ、南原宏治は、これがいちばんふさわしい」と言われたら、この〝美男《びなん》の顔〟を崩《くず》してでも、（両手で千両箱を抱《かか》える演技をしながら）「イッヒッヒッヒッヒッヒッヒッ。千両箱が手に入ったか。アッハッハッハッハッハッハッ、この日のために今までやってきたのだ」ってやるわけですよね（会場笑）。

それは、自分自身の地《じ》を出してるわけでもないし、やりたいわけでも何でもないけれども、「ほかの人が自分にそれを期待しているというなら、それに徹《てっ》する」というのがエンターテイナーというかね。そういう、人を楽しませ、時間を無駄《むだ》にさせないで、ストレス解消をしてもらったり、まあ、一日の仕事の疲《つか》れを癒《い》やしたくて観《み》てくださってる人のためにやってるわけですよ。

そして、千両箱を抱えてやってる悪役に、正義の味方みたいな人が出てきて、スパーッと刀で斬《き》ってくる。その斬られ方も、ただ斬られてパタッと死ぬだけじゃ駄目で、（両腕《りょううで》を広げてのけぞりながら）「うぅ、わあああー！」と言って、（右手で握《にぎ》りこぶしをつくって）「ここで死んでたまるものかっ。うーん……、何としても……、私は、おまえも共に地獄《じごく》に連れていってやるぅ！」という感じで、このくらいの執念《しゅうねん》深さを見せてやる。そうすると、観ているほうは一日の疲れが取れるわけよ。分かる？（会場笑）これも「愛」なんだよ。

だからさ、ただ斬られて、「あっ、死にました」では、一日千円でやってる役者だよな。それはそんなものだけれども、大物になってきたら、悪役でもそれなりの強さがあるんだよ。

やっぱり、悪役が強けりゃあ強いほど、みんなハラハラして、手に汗握《あせにぎ》るわけよ。「こんなに強いやつに勝てるだろうか」と。「こんなに悪どいやつに勝てるだろうか。トカゲみたいに、斬っても斬っても尻尾《しっぽ》が生《は》えてきそうな男を倒《たお》せるだろうか」って、ヒーローのほうが心配になってくる。そこまで行かないと、本当の「悪役の真髄《しんずい》」までは行かないわけよね。今日は「悪役論」ではないんだけれども（会場笑）。

「龍馬《りょうま》の役は一生やりたかった」

南原宏治　「自分のやりたくないものが当たったら」といっても、ほとんどやりたくないものばっかりでしたよ。

人生でやりたかったのは……、若いころね、龍馬《りょうま》をやりたかったね。龍馬はよかった。一生やりたかった。でも、龍馬は（暗殺されたから）三十二歳《さい》までしか役がないんだよ。だから、三十二歳を超《こ》えたら、龍馬の役は回ってこなくなるわけ。つらいねえ。長生きしてくれたら、老後の龍馬とかね……。

やっぱり、巌流島《がんりゅうじま》のあとなんかの、「その後の（宮本《みやもと》）武蔵《むさし》」とかありますからね。晩年の武蔵までやったら、死ぬ前まで演じられるけど、早く死なれると、あとはやれないよ。

だから、かわいそうなのは高杉晋作《たかすぎしんさく》の役だとか、あんなのもみんなそうだし、明治維新《いしん》の二十代で死んだ人たちの役は大変だよね。年を取ったらできなくなるからね、ほんっとにね。

（竹内に）いやあ、何か、あんた、いい雰囲気《ふんいき》だね。肺病を病《や》みつつも、美剣《びけん》を舞《ま》いながら斬って斬っていって、「ゴホゴホッ、ゴホゴホッ、アア、アッハッ！　ああ、死ぬかもしれない」って。

竹内　そっちですか（笑）（注。以前のリーディングのなかで、竹内の過去世《かこぜ》の一つは、結核《けっかく》で亡《な》くなった新撰組《しんせんぐみ》隊長の沖田総司《おきたそうじ》であることが判明している。『宇宙からのメッセージ』〔幸福の科学出版刊〕第7章参照）。

南原宏治　「ああ、こいつはもう死ぬな」と思ったら、カラッと変わってシュパッと斬る。死にかけのやつが、スパッ、スパスパッて二十人ぐらい斬って、転げ落ちていく。〝いい感じ〟ね。新撰組でいちばん人を斬った男だろう?

竹内　いや、そんなことはないです（苦笑）。

南原宏治　うん?　二番目か?　似たようなもんだな。そういうふうに、弱そうに見えながらだね……。

だいたい池田屋で斬ったのは、ほとんどあんただっていう話じゃないか。

竹内　いや、そんなこともないと思います（苦笑）。

南原宏治　明治維新のねえ、本当に一流の人物は、ほとんどあなたが殺したっていう話じゃない。ええ？

竹内　いえ、いえ、いえ（苦笑）。

南原宏治　だから、残った二流の人材で明治維新ができた。あんな国家が中途半端《ちゅうとはんぱ》な……。

竹内　（新撰組には）近藤勇《こんどういさみ》とか、土方歳三《ひじかたとしぞう》もいましたので。

南原宏治　ええ、違うか？

竹内　それはともかく、少し話を戻《もど》しまして……（会場笑）。

南原宏治　ああ、そうですか。

「人間観察」が身につけば、すべての経験が演技の材料になる

大川紫央　最初に、悪役についてお話を伺《うかが》ったのですけれども、人の悩《なや》みや苦しみ、いろいろな境遇《きょうぐう》に落ちたときに葛藤《かっとう》する心を描けるのも、悪役ならではの役柄かなとも思います。南原さんもそのような感じのことをおっしゃってくださいました。

南原宏治　うん、うん。

大川紫央　幸福の科学には、「人を理解するということは、人を愛することにつながる」という教えがあります。やはり、いろいろな役柄をするためには、人の気持ちとか、その状況《じょうきょう》での感情を理解しなければいけないと思うのですけれども、いろいろな役柄をこなす秘訣《ひけつ》といいますか、いろいろな人を理解するポイントがあれば教えていただきたいと思います。

南原宏治　うーん、それはねえ、あんまり簡単に忘れっぽくならないことが大事だと思うんですよね。

例えば、会員諸君は、あなた（大川紫央）を見れば、天女《てんにょ》の権化《ごんげ》だと思うでしょう。

大川紫央　（笑）

南原宏治　だけど、私が見ていたら、「大川隆法先生は、なかなか忍耐《にんたい》強い方だな」と思うこともあるわけだよな。

だから、誰《だれ》だってそうだけれども、奥《おく》さんを見れば、そこには〝夜叉《やしゃ》の姿〟も見えれば、〝天女の姿〟も見えるわけね。毎日毎日、いろいろな姿を一日中見ている。その姿をヒントにしながら、いろいろな人間の姿を表していけばいいので。いろいろな人に本当の姿があるわけよ、一日のうち、あるいは、長い付き合いの間にね。

（竹内に）喧嘩《けんか》すると、この人だって、きっと、こわーい地獄の魔王《まおう》みたいな顔になるよ。

大川紫央　つまり、「日常生活において、周りの人間観察が大切である」ということでしょうか。

南原宏治　それは、すべて、演技のもとですよね。もっと言えば、それが身についてきて、本来の職業になってくれば、経験することすべてが材料になっていくわけで。だから、他人《ひと》に教わるよりも先に、自分のほうが学んでしまうところがある。

ある意味での「霊能者《れいのうしゃ》」というか、「霊感」というかさあ、ピピッと先が見えるようでないと駄目だわな。「こういったら、人はこうなる」という反応が読めなければ駄目だわね。

7 「型にとらわれない生き方」は坂本龍馬《さかもとりょうま》に学べ！

南原宏治氏の「人間らしさ」の秘密を探《さぐ》る

大川紫央　その霊感《れいかん》のところなのですけれども、南原さんは、「インテリ俳優」と言われただけあって……。

南原宏治　うん。

大川紫央　東京大学農学部を、まあ、卒業はされていませんが（笑）、入られてはいるということで。

南原宏治　余計なことを……（笑）。普通《ふつう》は「経《へ》て」という具合にね、「東京大学を経て、芸能界に入った」と、こう言うんだ。

大川紫央　そうなんですけれども。

南原宏治　門をくぐったことはある。

大川紫央　それで、中退されてはいますけれども……。

南原宏治　いやいや、「門をくぐったことはある」と言っている。

大川紫央　でも、南原さんには、学業のところも両立されつつ、人間味があって、霊感とかインスピレーションを受けやすくなっていて、官僚《かんりょう》みたいになっていないところがあります。南原さんご自身のなかに、その理由が何かあると思うのですが、それは一体何でしょうか。

南原宏治　「昭和二年生まれ」ということはだよ、終戦のときには、十八歳《さい》ぐらいだということだな。このくらいの人たちの年齢《ねんれい》だったら、その間に食糧難《しょくりょうなん》をずいぶん経験してるから。まあ、「農学部」っていう響《ひび》きには、ちょっと何となく差別的な響きを感じたけども。

大川紫央　そんなことはありません（苦笑）。

南原宏治　その食糧ってのは、ものすごい大事なことだったんですよね。すごく大事で、生きていく糧《かて》だからね、みんながね。そういうこともあったんだけど……、何が訊《き》きたかったの？

大川紫央　学歴といいますか、大学もしっかりしたところを出ているけれども……。

南原宏治　おお、おお、おお、おお。出てない、出てない。

大川紫央　あっ、〝出てない〟けれども（笑）。

南原宏治　あの、くぐった。

大川紫央　くぐった……、一回入ったけれども。

南原宏治　うん。

大川紫央　俳優として、人間味があって、あまり常識にとらわれていない感じがあります。「人間っぽいところ」というか、「人間らしさ」とか。

南原宏治　ああ、人間味があって、常識にとらわれてない。うん。

大川紫央　今の俳優であれば、香川照之《かがわてるゆき》さんなどが、けっこう近いのかなと、私は思ったんですけれども。

南原宏治　ああー、あれも悪役がだんだん似合ってきたねえ。

大川紫央　そうですね。

南原宏治　うーん、器用な人だけどね。

「龍馬《りょうま》先生の教えに忠実に生きていこうと志《こころざ》しとった」

大川紫央　ただ、勉強をしていると、だんだん人間の感情と違《ちが》う方向に行って、そちらを理解する能力が消されていく面も、一部あるように、最近は言われています。

『俳優・香川照之のプロの演技論 スピリチュアル・インタビュー』（幸福の科学出版刊）

南原宏治　ああ、それはそうだよね。

大川紫央　ところが、南原さんを見ていると、そちらではないなと思うんです。そこが分かれるポイントというのは、何かありますか。

南原宏治　私にね、眼鏡《めがね》をかけさせて、「大学教授の役をやれ」って言ったら、ちゃんとやれるんですよ。役が来ないだけで、やろうと思えば、それはやれるんです、ちゃんとね（笑）。

それは、もう変幻自在《へんげんじざい》なんですよ、実を言うと。役者ってのは何の役でもできるんですが、いちばんお金になる仕事を引き受けてるだけでしてね。

だから、私は、「型にとらわれない」というより、やっぱり「龍馬《りょうま》先生の教えに忠実に生きていこうと志《こころざ》しとった」というだけのことだよ、若いころから。

大川紫央　その「教え」って、何なんでしょうか（笑）。

南原宏治　とにかく人が「やっちゃいけない」と言ったら、やりたくなる。その教えだよな。「脱藩《だっぱん》は相成《あいな》らん」と言ったら、脱藩したくなる。その教えだよ。

大川紫央　それだと、単なる「あまのじゃく」のようにも見えますが。

南原宏治　いや、それが時代を変えてきたんじゃないか。なあ？　尊敬する吉田松陰《よしだしょういん》先生も、そういう方だよな。幕府を倒《たお》すために、そんな、長《ちょう》州《しゅう》藩に武器を借りに行くなんて。それに、のこのこと出て、出頭《しゅっとう》して捕《つか》まるような、〞抜《ぬ》けた兵学者〞だよな。ほんとにねえ、何とも言えず、陽気だね。陽気な抜け方をなさってるよね。うーん、素晴《すば》らしい。

だから、何て言うかな、ある意味で「天真爛漫《てんしんらんまん》」なんだよ。天真爛漫だから。人間事《ごと》で、いろいろ縛《しば》りがあってさあ、「ああしちゃいけない、こうしちゃいけない」って、いっぱい溜《た》まってくるよね。幕府二百六十年か何かの、その〞垢《あか》〞みたいなのが溜まってて、いろんな仕組みができてるけど、こんなの自然体で考えりゃあ、「おかしいんじゃないか」と思うことがいっぱいあるわけよな。

なんで、幕府がさ、「異国船に乗り込《こ》んだら厳罰《げんばつ》に処す」とか、そんなことを決めるのか。留学の時代が、もうすぐ来る寸前《すんぜん》でさ、松陰先生は、ペリーの船に乗り込もうとした罪により罪人《ざいにん》にされたりする。

龍馬は、高知《こうち》県からね、江戸《えど》や京都《きょうと》に出てきたところで、それの何が悪いの？　今は、そんな旅行は自由じゃない？　だから、「未来人」だったんだよ、ある意味ではな。ほんとは未来人だった。「未来はこうあるべきだ」というのが見えておったんだよ。

やっぱり、人間の本性《ほんしょう》に反するような規則みたいなのがいっぱいできて、縛られてきたら、いったんこれを取っ払《ぱら》う人が出てくる必要があるわけね。ときどきそれをしないと、時代が前に進まないいんだよ。これは大事なんで、単にへそ曲がりなだけではなくて、意外に、「天真爛漫に考えればそうなる」ということかな。だから、単にお仕着せを教わっただけでなくて、「こうやればそうなる」ということだったような気はする。

うーん、あなたの質問に答えられたかなあ……。いや、私が学歴があるにもかかわらず、常識破りの、そういう生き方をしたのは何でか、と？

いや、でもねえ、やっぱり役者として貪欲《どんよく》ではあったわけよ。いろんな経験をしてみたかったので。いろんな経験をすることによって、役の幅《はば》が広がるからさ。

もちろん、犯罪になるようなところまでは行っちゃいけないとは思いますけども。「パトカーが来る前には逃《に》げられるような態勢で、いろんなことに挑戦《ちょうせん》する」っていうことは大事なことだよね。いや、これ以上言ってはいけないから、言わないが。アッハハハハハハハ（笑）。

8 「存在感」のある俳優・女優になる秘訣《ひけつ》

主役を張るために必要な「自尊心《じそんしん》」とは

竹内　やっぱり、南原さんのすごいところは、存在感のある演技をするところで、そこが感銘《かんめい》を受ける点なんですけれども。

南原宏治　うーん。

竹内　役者さんのなかでも、ちょっとジャンルは違《ちが》うかもしれませんが、最近、竹野内豊《たけのうちゆたか》さん主演の映画「人生の約束」（二〇一六年公開）を観《み》ていて、髙橋《たかはし》ひかるさんという方が気になりました。

南原宏治　ああ、ああ。

竹内　彼女は、台詞《せりふ》もそんなに多いわけではないのですが、やはり、異色《いしょく》の光を放っていました。

そのように、存在感を発する俳優や女優という方がいるわけですけれども、そこには、単純に演技が上手いだけではない何かがあるように思います。

南原宏治さんは、まさにそういったタイプであると思うのですが、この「存在感」というものは何があって出てくるものなのでしょうか。

南原宏治　うーん、やっぱり、もとは「自尊心《じそんしん》」だろうね。

竹内　自尊心？

南原宏治　うーん。だから、慢心《まんしん》は戒《いまし》めるべきものだとは思うんだけども、自尊心がない人では、やっぱり……。

今のはだいたい主役級の話だろうと思うけど、主役を張るには自尊心は必要ですね。

「自分自身に、ほんとは値打ちがある」ということを思っていないと、やっぱり張れない。その他、役柄《やくがら》はいっぱいあるから、クセのある人でも、それぞれ演じることはできますけれども、主役級とか、あるいは、「その人を崩《くず》せば映画が成り立たない」とかね。

あんた（雲母）であれば、「天使が崩れたら、もう映画にならない」っていうのが、あるじゃないですか。「天使をやろうとしたのに、チョコレートを食べすぎて、お岩《いわ》さんみたいに目の上がポッコリ腫《は》れてきて、メイクでは隠《かく》しようがない」となったら、これは天使が成り立たなくなるね、途端《とたん》にね。「幽霊《ゆうれい》映画に変えようか」っていう話に変わりますわね。やっぱり、それだったら困るとは思うんだけども。

そういう適正な自尊心があって、その自尊心を守るべく、「自己管理」が徹底《てってい》してるっていうかね。それができる人、それだけの責任に耐《た》えうる人だね。

重荷がかかってくると、人間ってけっこう潰《つぶ》れてくるんですよ。重荷がかかってくると変なことをしたりですね、自分から自傷行為《じしょうこうい》的な、何と言うか破壊《はかい》活動をやっちゃう。自分を破壊したり、家族を破壊したり、いろいろなところに出てくるプレッシャーに勝てなくて、やっぱり、やっちゃうんですよね。

だから、自尊心を持ちながら、そのプレッシャーに負けずに自分を律して、プレッシャーを跳《は》ね返しつつ、自己コントロールを続けて、我慢すべきものは我慢し、節制するべきものは節制する。

たとえ酒好きの人であっても、演技をやっている期間、撮影《さつえい》の期間中は、酒を抑《おさ》えるなら抑えなけりゃいけないし、逆に言うと、飲んだ役をしなきゃいけなかったら、水を飲んだだけで酔《よ》っ払《ぱら》ったふりをする。これが演技になってなきゃ、やっぱり話にならないわけですね。

水を飲んだのに酔っ払ったような役ができる。これも演技力を見るには一つだよね。「酔っ払いの役をやってみろ」って、下手《へた》な人を見たらすぐ分かっちゃうんだよ。「これは、全然酔ってない。水を飲んだなあ」というのが分かっちゃう。だから、いかにも酒を飲んだように、あるいは空《から》っぽの杯《さかずき》でも飲んでるように見せることができるっていうのは、大したことだよね。

「死体の役」だって大変なんだよなあ。死体の役だって、何? 動いちゃいけないって、これはけっこう厳しいよなあ。ちょっと呼吸しても、映ったら、もうNGだからね。これはなかなか厳しいですよね。これもある。

だから、いろんな「自己を統制する術《じゅつ》」は、身につけなければいけないと思うんだよな。

でも、そういうなかで、やっぱり光り続けるためには、どうするか。確かに役どころとして、いい役も当然、途中で出てくると思うんだけどね。「光り輝《かがや》く役」もあると思うけど、これの場合、その輝きに反して、「没落《ぼつらく》もあるような役柄」が多いだろうと思うんだよねえ。その「輝き」と「没落」の対照《たいしょう》を描く、この落《らく》差《さ》が大きけりゃ大きいほど、演技力は高まってくるし、高く評価されるなあ。

たいてい名作と言われてるやつは、決して死んでほしくないヒロインとかが、かわいそうに、病気で亡《な》くなっていくとかさ、事故で亡くなるとか、白血病だとかガンだとか、いろんなもんで亡くなるとかさ。まあ、悲しいものがよく入ってはいるけどね。そういうふうに悲しけりゃ悲しいほどね、やっぱり輝いてるところがすごく輝いて、幸福な感じを出さなきゃいけないな。このギャップが、上手《うま》く反映できるかどうかだよね。出せるかどうか。

このへんも、やっぱり自尊心を持ちながらも、「自分がどれほどの魂《たましい》の揺《ゆ》さぶりっていうか、ブレに耐えられて、自己のアイデンティティーを維持《いじ》できるか」というところが重要なところですねえ。

プロになるには「小成《しょうせい》してはならない」

竹内　実際、「最初、素人《しろうと》だった俳優や女優が、カメラを向けられて撮《と》られる経験を重ねていくうちに、どんどんプロの俳優、女優の顔になっていく」そうなのですが。

南原宏治　うん。

竹内　自尊心と、実際にカメラを向けられて撮られていく経験とには、どういう相関関係があるのでしょうか。

南原宏治　ちょっと二種類あるからね。「最初から、大物新人みたいな感じで期待されて、けっこうバッと出てくるタイプの人で、そのまま最後まで行っちゃう人」もいるわけよ。これは、（プロ野球の）巨人《きょじん》で言やあ、王《おう》（貞治《さだはる》）、長嶋《ながしま》（茂雄《しげお》）みたいなタイプだわな。これは、確かに数は少ないけど、国際的にまで行く人もいる。

あるいは、●原節子《はらせつこ》みたいに、生まれつき顔がよかったとかいうの？　これは、どうしようもないですね。もう主演で使わないと、ほかの人の脇役《わきやく》にはつけられ

●原節子（1920～2015）　戦前から戦後にかけて活躍した日本を代表する女優。1935年日活に入社し、15歳のとき「ためらふ勿《なか》れ若人《わこうど》よ」で映画デビューする。清純な美しさと初々《ういうい》しい演技で注目を浴び、銀幕の美人スターとして活躍した。100本を超える作品に出演。42歳のとき、突然女優業を引退し、公の場に姿を見せなくなった。

ないっていう方はいらっしゃるから。それで、主演ができないような年になったら、パッと消えちゃって、五十年消えちゃう。あまりにも鮮《あざ》やかなので、もう、どうしようもないですよね。あえて、おばあちゃん役なんかやらないということでしょ？　そういう人もいるし、恋愛《れんあい》役で出られなくなったら、パッと身を引く人もいるよな。そういう「美学」を持ってる方もいるので。

芸能界にも、こういう生まれつきエリートと言やエリートっぽい、「誰《だれ》が見ても、これは一級の人材として使わないともったいない」と思う人もいる。恵《めぐ》まれた方で、天運がある人も多いだろうとは思うんだけどね。

あと、もう一つは「叩《たた》き上げ型」のやつでね。いろんな役をやってるうちに、だんだんだんだん、そのなかで淘汰《とうた》されながら生き残っていって、いろんな役どころができるような方だよな。そういう方もいらっしゃって、これはまた、それなりに、どの役をやっても味があることはあるわな。その人生経験の深さが出てくるんでねえ。

まあ、そのへん、人によって若干《じゃっかん》の違いがあるんで、何とも言えない。ただ、自分たちが、どっちのほうに近いかっていうことは考えなきゃいけないが、気をつけなきゃいけないことは、「小成《しょうせい》してはならない」っていうことだよなあ。

やっぱり、芸能の範囲《はんい》も、本当は無限に可能性が広がっているからね。「今、自分のやっている作品のなかで、与《あた》えられた役割で、与えられた予算のなかで、興行《こうぎょう》目標まで行けばいい」という気持ちでいる人もいれば、そうじゃなくて、例えば、「『世界のミフネ』（三船敏郎《みふねとしろう》）まで行くぞ」と思ってやっている人もいる。

同じ日本の時代劇で、褌《ふんどし》をチラチラしながらチャンバラしてても、「三船のチャンバラ姿は、南米まで広がっていく。アフリカまで広がっていく」っていうところを自覚してやってる人とでは、やっぱり違いがあるわけね。

監督《かんとく》で言えば、黒澤《くろさわ》（明《あきら》）監督みたいに、日本の時代劇を白黒で描いていても、

●三船敏郎（1920〜1997）　戦後に活躍した日本の俳優。黒澤明監督の映画「酔いどれ天使」で認められ、以後、黒澤作品に欠かせない俳優となった。1951年、映画「羅生門」で世界的に名を知られ、ヴェネチア国際映画祭で二度の男優賞を受賞、「世界のミフネ」と呼ばれる。また、海外の作品にも数多く出演した。

それが「スター・ウォーズ」にまで影響《えいきょう》を与えていくっていうようなものもあるわけよ。

だから、隠された志《こころざし》みたいなものはあるんじゃないかねえ。そんな気がするけどな。

“空振《からぶ》り”をしたあとの悔《くや》しい思いを明かす

雲母　先ほど、「自尊心」というお話がありましたが、確かに役者をやる上では、「自信がまったくないと堂々とできないんじゃないかな」って思うんです。ただ、仏法真理《ぶっぽうしんり》を学んでいると、どうしても、「謙虚《けんきょ》さ」を探究する面が出てくると思うのですが、「自尊心」と「謙虚さ」のバランスというか、両立は、なかなか難しいのかなと思うことがあったのですが、南原さんは、その点について、何か気をつけていらしたことはありますでしょうか。

●**黒澤明**(1910〜1998)　昭和後期の日本の映画監督。1936年にP.C.L.(後に東宝と合併)に入社し、1943年に「姿三四郎」で監督デビュー。1951年「羅生門」がヴェネチア国際映画祭で金獅子賞を受賞し、世界的に有名になる。スティーブン・スピルバーグやジョージ・ルーカスなど、海外の映画監督にも大きな影響を与えた。

南原宏治　いやあ、私も幸福の科学で本部講師を任じられて、「伝道部長」なるものをやったことはあるんだけどさ。

それで、龍馬《りょうま》さんのノリで「行こうじゃないか。やろうじゃないか」風に、「決起しよう」って感じで、檄《げき》を飛ばして全国に行くんだけど。

関西方面ではわりあいに行けるんだよ。関西とか九州あたりだったら行けるんだけど、東北のほうに行くと、けっこう〝空振《からぶ》り〟が多くてですねえ。「おい、行こうじゃないか！　やろうじゃないか」って言っても、みんなシーンとして、「あら、外《はず》れた」、「空振った」っていう感じ？　幾《いく》つも経験はあるよ。

やっぱり、県民性とかいろいろあるわけで、「そういう派手なのが嫌《きら》い」とかですね、檄したような感じに見えるのがあんまり好きじゃなくて、感情を表さないところもある。そういうところで空振った。

自分としては同じような仕事をやって回ってるわけだけど、あるところでは「ウワーッ」と来て、あるところでは「シーン」として、反応がないようなことがある。

そうすると、どうなるかっていうことだけど、その「シーン」とした観客の反応を見たときには、そうは言ったってねえ、やっぱり、演壇《えんだん》から帰ったあとは、胸を掻《か》きむしるような思いっていうのは私にだってある。畳《たたみ》を掻きむしりたいぐらいの気持ちはあるよ。

「うーん。ここまで演技もやってきた人間なのに。チェッ（舌打ち）。自分で台本を書いてやるっていう〝自作自演〟は、けっこう難しいなあ。ここでは外れたなあ」っていう感じはあるわな。

そういうのを見てると、私も、三十も年下の大川隆法先生の弟子《でし》としてお仕《つか》え申し上げた一人だけども、大川先生はやっぱりすごいなあと思う。二千四百回以上も説法《せっぽう》されていると思うけれども、外したことがないよね、見てて。全然外さないんだよなあ。TPOっていうか、時《とき》・所《ところ》・場所《ばしょ》・人《ひと》、いろんなものに合わせて自由自在に説法なされる。

説法のスタイルも、自分のスタイルっていうのが固まってるわけじゃなくて、そのときに応じて自由自在に変えられるし、講演会の規模に合わせて講演の仕方は違ってますから。完璧《かんぺき》に違ってますよ。

あなたがたは、まだ十分見えてないかもしらんけど、千人にやる、二千人にや

著者は、地域・人種・宗教を超えて、数千人から数万人の聴衆を前に大講演会を続けている。2016年3月現在、世界五大陸14カ国で24回にわたって海外巡錫を行っている。（写真左上：さいたまスーパーアリーナ／左下：ブラジル　クレジカードホール／右：スリランカ　ウォーターズ・エッジの野外特設テント）

る、五千人、七千人、一万人、五万人……、全部違います。説法のスタイルが全部変わってる。だから、人数に合わせて、ちゃんと変えているんで。これができるっていうのは、やっぱりそうとうなことです。

　だから、演技なんかやらなくても、それができるっていうのは、どうなんだろうね。レーダーっていうかね。レーダーってあるじゃない？　グウーッと回転しながら、全方位に敵機がいるかとか敵艦隊《かんたい》がいるかとか、いつもいろいろ察知してるようなね。あのレーダーみたいなやつが、背中に亀《かめ》の甲羅《こうら》みたいに載《の》ってる感じかな。

　これは〝後光《ごこう》〟なのかもしれないけれども、そういうのがあって、大勢の人の気持ちを読めてる。目はあっちを向いてても、こちらの人たちの気持ちが、ちゃんと読めてるんですよ。レーダーに全部映《うつ》っているわけ、みんなの姿がね。それで、全体の姿を映しながら、「全体として、今、このあたりに評価がある」っていうのが感じられるんだよな。これは、そうとうだねえ。そうとう優《すぐ》れもんで、なっかなか、そうはいかないですよね。

リハーサルなしで一万人の前で話すことは至難の業《わざ》

南原宏治　こちらが提供するだけの側の場合、例えば、テレビ局のアナウンサーとかは、実はカメラだけを見て、少人数のスタッフの前で話をしているから、そういうのに慣れているけども、「一万人の前で話をする」ということになったら緊張《きんちょう》して、ああいうプロでもけっこう〝あがる〟んだよね。実際に聴衆《ちょうしゅう》を相手にしていない人の場合はね。

だけど、実際の聴衆を相手にして、どんなシチュエーションでも外さずにやっていくっていうのは、そうとう難しいわけだ。

それには、心の余裕《よゆう》がかなり必要だし、ゴムみたいに伸縮自在《しんしゅくじざい》でなければいけないだろうね。それと、それを支えるための知的な裏付けが当然あって、その知的な裏付けを誠実に積み重ねてきたということに対する「自己信頼《しんらい》」っていうか、「自己確信」っていうか、「自尊心」と言ってもいいけども、そうした「自己信頼」があるということだろうな。まあ、そういうことだ。

総裁先生の場合は、下見もしない、リハーサルもしないで、いきなり、「先生、ここを歩いていってください。五、四、三、二、一、はい、どうぞ」と言われて出ていって、それで何千人に説法しているでしょう？

これは、役者ではできないですね。残念ながら無理です。それはたぶん、〝頭の筋肉〟の鍛《きた》え方が違うと思われます。

そういう意味では、私も役者ではあるけど、勉強することが多かったね。特に、「硬派《こうは》で難しい内容を大勢の人に聴《き》かせる」っていうのは、特別に難度が高いですからね。

五千人、一万人のところで、人気のあるバンドが歌を歌って聴かせるとか、みんなと一緒《いっしょ》になって踊《おど》るとか、こういうのは、乗せることさえできれば、ある程度行きますけれども、難しい話をして、五千、一万の人に聴かせるというのは、それは厳しい。本当に厳しい仕事で、もう、毛が抜《ぬ》けてなくなりますよ。本当にそうだと思う。

だから、「自分を鍛えている」というのはそうとうなことだと、私は思うね。うーん、いや、厳しいですねえ。さすが、〝一国一城の主《あるじ》〟になる人は違うなと思うけどね。

弟子のほうは、なかなかそうはいかないんだろう？　やっぱりなあ。うーん。厳しいねえ。

竹内　はい。

南原宏治　だから、『南原宏治の霊言《れいげん》』（前掲《ぜんけい》『俳優・南原宏治のガハハ大霊言』）の校正をやれば、午後には突然《とつぜん》（次の霊言収録の予定が）入ってくる。

竹内　（笑）

南原宏治　うん。どうしようもないよね。もう、どうしようもない。この、どうしようもないのに耐えなきゃいけない。「ちょっと待ってくれ。一週間待ってくれ」とは、言うわけにいかないわけですよ。

だから、これがプロと言やプロだけどね。

「失敗の経験」を積むことで、自惚《うぬぼ》れが削《けず》り取られて謙虚《けんきょ》になる

南原宏治　これは、剣《けん》で言えば宮本武蔵《みやもとむさし》だよな。もう、あの領域まで行ってるわけだ。最初は剣で戦うけど、最後はもう剣なんか要《い》らないんで、素手《すで》で行っても斬《き》られないんだよな。斬りかかろうとしても、その前に殺気《さっき》を読んでいるからね。だから、「剣なんか要らない」っていう状況《じょうきょう》だよな。それにちょっと近くなっているから。

そのクラスまで行くには、やっぱり、各界それぞれのトップレベルまで行かないと、そうはならないでしょうね。うん、うん。

だから、自惚《うぬぼ》れるといっても、本当の自信がつくまで鍛えることができれば、自惚れは抑えられるし、実際上、「空振りする・失敗をする」という経験を積むから、人間は謙虚《けんきょ》になるようになってるわけよ。

成功できると、ちょっと大きくなる。仕事の舞台《ぶたい》が大きくなったり、仕事が大きくなります、必ずね。

一億円の映画で成功しても、十億円の映画になるとこけてしまうとか、十億円の映画でやれても、「あんたらのこの映画をつくるのに百億円かかってますよ」と言われたら、途端に、重荷に耐えかねて潰れちゃうっていうこともあるけど、それを跳ね返すだけの力が、やっぱり要るわけね。

そういうことで、失敗することによって、その自惚れは削《けず》り取られるようになってるんだなあ（笑）。

雲母　なるほど。

南原宏治　（雲母を見て）いや、天使だけじゃないなあ。その目の奥《おく》には、やっぱり〝怖《こわ》いもの〟が潜《ひそ》んでいるな。

雲母　えええっ……！？

南原宏治　あなたも天使だけじゃない。〝魔性《ましょう》の何か〟を、私は感じ取っていますよ。

雲母　そ、そうですか（笑）。

何十回も龍馬《りょうま》を演じた人間が「本物」と感じた『坂本《さかもと》龍馬の霊言《れいげん》』

雲母　それで、今の「謙虚さ」というお話ともつながるのですけれども、「信仰《しんこう》者《しゃ》でありながら役者である」ということに対しては、何か意識されていたところとか、心掛《こころが》けていらしたところはありますでしょうか。

南原宏治　いやあ、やっぱりね、いちばん最初、霊言集《れいげんしゅう》が出て、私も読んでましたけども、『日蓮《にちれん》の霊言』（現在は『大川隆法霊言全集』第1巻・第2巻〔宗教法人幸福の科学刊〕に所収）から順番に出てきたのを読んで、とにかく、いいことが書いてあって、『坂本龍馬《さかもとりょうま》の霊言』（前掲）が六巻目だったかに出た。

龍馬（の役）はずいぶんやったから、台本もいっぱい読んでるし、土佐《とさ》弁のやつも読んでたのでね。でも、一回目、ザーッと読んでみて、私が台本なんかで読んだ土佐弁は、ずばりは出てないんだよね。近いけど、土佐弁じゃないあたりの言葉で言っている。で、二回目、もう一回読んで、それで考えてみた。「うーん……。土佐弁らしくわざとつくってないことが、これが本物の証明だな」と、かえって思ったなあ。

「百五十年以上前の坂本龍馬が、現代にメッセージを送るとしたら、いかにもそのときの龍馬のような言い方はしないだろうな。だけど、考え方のスケールとか、思いとか、情熱とかいうものは、ちゃんと出るだろうな」と思ったんで。やや阿波《あわ》弁が入ったような龍馬ではあったけど、「これは本物だ」と。もう何十回となく龍馬を演じた人間として、「これは本物だ」と見ていった。

「本仏下生《ほんぶつげしょう》の時代が来た」と懸命《けんめい》に総決起《そうけっき》を呼びかけた

南原宏治　当時は、ほかの宗教……、はっきり言えば、GLAっていうところが先発してたてね。当時のかあちゃんとかは、あちらのほうにだいぶ入ってて、引っ張られていたんだけども、「絶対、こっちのが本物だ」ということで、みんな、幸福の科学のほうに連れてきたんだ。

やっぱり、「確信」っていうものがあった。

私が〝最初〟だと思うんだよなあ。弟子のなかで、「これは本仏下生《ほんぶつげしょう》なんだ」っていうようなことを言い切ったのは。研修会とか、ああいうところで、「本仏下生のときなんだ。あなたがたは誤解しちゃいけないんだ！　本仏下生のときなんだから、これは、総決起《そうけっき》してやらなきゃいけないんだ。明治維新どころじゃないんだ。もっと大変な時代が来たのだということに気がつかなきゃ駄目《だめ》なんだ」と、そういうことを一生懸命《いっしょうけんめい》、訴《うった》えたんだけど、役者的に演技していると思われて、何か、もうひとつ分かってもらえなかったところが残念。

役者をやりすぎてたからか、素面《しらふ》で、真面目《まじめ》に、本気で言っていることを、そう思ってもらえなくて（苦笑）、「演技して、自己陶酔《とうすい》してやってるんじゃないか」と思われたのは、ちょっと残念だねえ。「いや、宗教者としては、これは本当に自分で確信したものなんだ」と。

何十歳《さい》も年上から認められてこそ本物

南原宏治　ほかの宗教もちょっと覗《のぞ》いたりしたことはいっぱいあるんだけどね、教祖がどこも暗いんだよ。もっともっと暗いんだよ。だけど、ここ（幸福の科学）はね、すごく明るかったね。すごく明るいっていう。限りなく明るかったよね。うん。

それと、俺《おれ》も「インテリ俳優」だったからね。だから、「インテリ教祖」っていうのがどんなものか、この目で直《じか》に見届けたいっていう気持ちはあった。三十歳《さい》年下の教祖だけど、「いやあ、やっぱり、すごいなあ」と思うところはたくさんありましたね。

（質問者に）あなたがたも年齢《ねんれい》はあるかもしれないけども、俳優だって、何十歳も年上の人からでも、「ああ、この人はすごいね」「いい演技してるねえ」と言ってもらえるようじゃないと。同世代しか理解してくれないようじゃ、やっぱり駄目なんじゃないかな。

同世代だけが分かる、あるいは、自分より年下の人から、「ああ、憧《あこが》れの先輩《せんぱい》ですー」みたいな感じで好かれるというだけでは駄目で、上の世代、目が肥《こ》えた、人生経験豊かな、もう何十歳も上の方から見て、「ああ、この子、いい筋《すじ》してるなあ」「なかなかいいなあ」「年若いのに泣かされてしまった」とか、こういうのが、やっぱり本物なんじゃないかな。

9 〝異物《いぶつ》〟を受け入れる組織をつくれ！

ニュースター・プロダクション社長に期待する「イノベーター役」

竹内　南原さんは天上界《てんじょうかい》から私たちの活動をずっとご覧《らん》になっていたと思いますが、今、ニュースター・プロダクションやスター養成スクールが、まさに動きを活発化しております。

ここから本当にスターを出していきたいのですけれども、今、南原さんがご覧になっていて、「やはり、もっとこういうことをしたら、スターになるのではないか」というようなご意見もお持ちではないかと思います。

南原宏治　うん。

竹内　ニュースター・プロダクション、スター養成スクールのタレントたちを見て、「ここを目指しなさい。こういうところがあなたがたの長所で、このように努力したら、こうなるだろう」というようなアドバイスがございましたら、ご指南いただいてもよろしいでしょうか。

南原宏治　今は、（ニュースター・プロダクションに）〝いい社長〟が座《すわ》っとるじゃないすか、〝いい社長〟が。あの社長は……。

竹内　ええ。今、あそこに……（会場の大川宏洋《ひろし》を指す）。

南原宏治　いいよお！　うーん。あの社長は〝教団破壊力《はかいりょく》〟があるよ。な？

竹内　（笑）非常にイノベーター（革新者）です。はい。

南原宏治　ああ、〝教団破壊力〟がある。あれ、いいのが座った。これは、よかったなあ。これはよかったよ。

教団の戒律《かいりつ》を守ってたら、絶対、こんなんで成功しないよ。あのねえ、こんなプロダクション？　映画？　絶対、成功しないよ。

まったく駄目《だめ》だと思いますね。もう、それは道徳の教科書に登場するようなものしかつくれやしないから、それ、絶対に駄目だと思う。それは駄目。

竹内　はい。

南原宏治　あえて映画をつくったり、ドラマをつくったり、いろんな作品をつくっているのも、普段《ふだん》だったら、真理の書籍《しょせき》を読んで、研修にでも来て、信者になってもらいたい人たちが、そこまでは来ないだろうというところ、外に〝投網《とあみ》〟を打って、入れようとしてるんでしょう?

竹内　はい。

南原宏治　だから、「エンターテインメント性」とか、「斬新《ざんしん》さ」や「面白《おもしろ》さ」、いろんなものを駆使《くし》して、興味・関心のある分野に惹《ひ》きつけていくことが大事なんだろうから、それはイノベーターでないと駄目だろうなあ。だから、〝いい社長〟を手に入れたね。うーん。

竹内　三日に一回ぐらいアイデアが降ってくるようなタイプですね。

南原宏治　いい社長だよ。

竹内　はい。

南原宏治　うん。彼がもう、酒飲んでゲロ吐《は》いても、クビにしないようにしなさい。

竹内　（笑）分かりました。

南原宏治　それは大事なことだ。ねえ？　ゲロを吐いたり、女性に抱《だ》きついたり、キスしたりしたとしても、すべて芸能の肥《こ》やしとして、今、研究中ということなんだからな。それはよく分からなきゃいけない。

竹内　はい。

南原宏治　宗教本体としては、崩《くず》しちゃいけない部分も要《い》るとは思うよ。それは持ってないと。全部がそれでは、やっぱり、もつまい。それは、もたないことは分かってるけども、新しいところを開いていこうとしているんなら、その新奇な部分を護《まも》らないといけないかな。

だから、全体的に、七、八割はオーソドックスに、宗教として守るべきものは守らないと、やっぱり危ないとは思うけど。全体が〝芸能事務所〟になったら、それは、宗教としては駄目だと思うけれども。

大川紫央《しお》総裁補佐《ほさ》にも「イノベーター」の素質が隠《かく》されている

南原宏治　今、政党のところもやってて、ここも〝難しい壁《かべ》〟にぶつかってやってると思うし、世間の厚い常識の壁や、「政治とはこうあるべきだ」っていう壁とぶつかっていると思うけれども、芸能の部分も、「芸能はこうあるべきだ」という壁を、宗教のそんなね、『正心法語《しょうしんほうご》』（幸福の科学の根本経典《こんぽんきょうてん》。信者限定）を唱《とな》えながら、これを突《つ》き進んでいくっていうのは、そんな簡単なことではありませんよね。

このへんの〝新しい壁〟のところに穴を開けていこうとしてるのは、やっぱり、力が要るのでね。多少、龍馬《りょうま》先生のように「洗濯《せんたく》を一年間しとらんかった」っちゅうような感じになったとしても、志《こころざし》さえ正しければ、少々のことは文句を言わない。

「龍馬先生、ちょっと臭《くさ》いんですけど、たまにはコインランドリーに行ってもらえんでしょうかね。お風呂《ふろ》に入ってもらえんでしょうか」ったってね。

竹内 （笑）

南原宏治 「そうは言っても、命を狙《ねら》われてる者である。風呂に入って刀を置いとるときに襲《おそ》われたらどうするんだ！」って。「なるほど、分かりました。死期を悟《さと》っておられるんですね？ じゃあ、それまでは臭いのを我慢《がまん》します」と、まあ、そういうのをみんな我慢しなきゃいけないわけですよ。そういうところがある。

竹内　はい（笑）。

南原宏治　意外に、だから、（大川紫央《しお》）総裁補佐《ほさ》にも、隠《かく》れたイノベーターとしての素質がある。

竹内　そうですね。はい。

南原宏治　この人も意外に、最後、肚《はら》が据《す》わったら、けっこうやると思いますね。やるときにはやると、私は思いますね。きっとやると思う。そういう方だと思うので。

あと、〝面白《おもしろ》い人〟は幾《いく》つかいるから、そういう芽を潰《つぶ》さないで、二、三割、そういう余地を残しておくことが大事だね。

組織がだんだん戒律《かいりつ》主義的に固まっていくことへの懸念《けねん》

南原宏治 （竹内に）あんたなんかさあ、「官僚《かんりょう》みたいだ」なんて言われてるっていう話じゃない？

竹内 そうですか（笑）。

南原宏治 これ、あなたが官僚に見えるっていうのは、この組織、よっぽどおかしいよ。な？

竹内 （笑）

南原宏治　だから、うーん。官僚組織が入ったら、あなたなんて、もうなあ、本当、〝出前《でまえ》のお兄ちゃん〟ぐらいにしか見えないでしょう。

竹内　そうですね（笑）。

南原宏治　ねえ？　そんなもんだよね？　だいたい。

竹内　そうですね。はい。

南原宏治　「はいー、ええ、玉子丼《たまごどん》はどちらさんですかあ？」っていうような、こんなもんだよなあ？　あなたなんかが部屋に入ってきたら。

竹内　そうですね（笑）。

南原宏治　そういう人が官僚に見えるっていうことはなあ、この組織はよっぽどだよ。

竹内　うーん。

南原宏治　それは、よっぽどなんだよ。

竹内　はい。

南原宏治　そら、一言《ひとこと》でも何か命令に背《そむ》いたら銃殺《じゅうさつ》をする、北朝鮮《きたちょうせん》みたいになってるかもしれない。もしかしたらなあ？
今はもう、そういう組織かもしれないから、やっぱり、ときどき「揺《ゆ》さぶり」をかけないと駄目だね。うーん、そういうふうに思うな。
だから、それだけの「心のゆとり」は必要だな。

竹内　はい。

南原宏治　総裁先生は、大も小も兼《か》ねて、両方やる方だから。「大胆《だいたん》」にもやるし「繊細《せんさい》」にもやる方なので、総裁先生の目がまだ黒いうちは、教団がいろんなことをやって、多少、揺れても、必ず元に戻《もど》る力、「復元力《ふくげんりょく》」は持ってるから大《だい》丈夫《じょうぶ》と思うけども。
だけど、それからあとがね、「戒律主義」になって、すごくちっちゃい、動きのない団体に固まっていくのは、私としてはちょっと残念なんで、組織的に、柔《じゅう》軟《なん》な部分が生き残れるようにはしなきゃいけない。

組織には適当な〝異物《いぶつ》〟を受け入れる力も要《い》る

南原宏治　肉だってねえ、カチカチの肉じゃ駄目で、やっぱり、霜降《しもふ》りがいちばんおいしいんだよ。だから、何て言うか、霜降りのその脂身《あぶらみ》が適当に散ってるところ、これがいいいんだよなあ。柔軟な肉になるわけだな。焼き肉でも、おいしいんだ。

ああ、腹減ってくるな。こんな話をするといかん。天上界《てんじょうかい》に還《かえ》って腹が減っては、これはおかしい（会場笑）。これはおかしいから、言ってはいけないことだけど、そういう適当な〝霜降り〟が組織には必要だというか、そういう適当な〝異物《いぶつ》〟を受け入れる力も要《い》る。

竹内　うーん。

南原宏治　私も、三十年前だって、幸福の科学にいたら〝異物〟だったと思いますよ。だんだん、次々と秀才《しゅうさい》が来るわな。大会社の部長みたいなのがいっぱい来て、キチーッとした仕事をしたがったり、コンピュータを使って表をつくりまくったりね。あるいは、「ランチェスター法則によれば、どうのこうの」とか、いろいろ、営業戦略みたいなので伝道しようとしたりする人もいるしさあ。いろんな方がいるので、「これ、大変なところに来たなあ」と思いましたけどね。

総裁先生は、みんな、掌《てのひら》の上で泳がしてるような状態で見ておられたんで、「南原さん！　行って、ちょっと〝破壊〟してきてください」みたいなこと、平気でおっしゃるので、心強かったよなあ。

弟子《でし》は許さないけどね、なかなか許してくれないけど。（総裁先生は）「あそこ、頭おかしいから、ちょっと行って攪乱《かくらん》してきてください」みたいなこと、平気で言ってくださるので、「よし！　攪乱ならできる。立て直しはできんが、攪乱ならできる。固まっとんだったら、引っ搔《か》き回してきたろうか」と思って、こう、滅茶苦茶《めちゃくちゃ》なことを言って、搔き回してくるようなことをやって、ほかの弟子を困らせるような仕事をしてたけど、やっぱり、そういう器《うつわ》は多少要るんじゃないかな。組織としてなあ、うーん。

竹内　はい、ありがとうございます。

南原宏治　君が官僚と言われるようでは、この組織は長くない。もう、危ない、うーん。

竹内　分かりました（笑）。

南原宏治　官僚に見えちゃいけないよ。うーん。

竹内　はい。

南原宏治　そら、やっぱり、「ジャニーズが入ってきた」と思われるぐらいでなければいけないね。

竹内　頑張《がんば》ります。

10 俳優・タレントの卵たちへのアドバイス

政治・教育・国際・芸能のそれぞれで「プロ」を目指せ

竹内　タレントの子たちにもアドバイスを頂きたいと思うのですが。

南原宏治　ああ！　うん。そうそう。これからの子？　今の子？

竹内　今の子も、これからの子もですね。はい。

南原宏治　うーん、とにかくです、今、大学のところも苦戦し、政治で苦戦し、国際伝道で苦戦し、それから、タレント俳優業の、この映画や芸能事業で苦戦して……。でも、全部、これはねえ、「フロンティア」なんですよ。

楽な道、「もうすでに国道が通ってるから、そこさえ走ればいい」っていうなら、そんなに難しいことじゃないですよ。「一日中走っている長距離《きょり》トラックの配送効率をもっと上げよう」というような組織目標だけだったら、そんな大したことじゃない。ほかにもできる引《ひ》っ越《こ》し業者や輸送トラック業者たちは、みんな、宅配便だかでやってる仕事だからさ。そりゃ、その効率を上げて黒字を出すだけだったら、そんな難しいことではないと、私は思う。

だけど、「その道は通っていないけれども、あの山をくり抜《ぬ》いて、向こう側に出られるようにしてくれるか」って言われたら、そらあ、大変ですよ。何年かかるか分からないしね。「本当に打ち抜けるかなあ。山に穴を開けているときに水が出たらどうする。硬《かた》い岩に当たったらどうする。鉄をいっぱい含《ふく》んだような石だったらどうする」とか、やっぱり、思うわな。

だから、今、私が言ったところは、そういう困難なところに打ち当たってます。政治の世界もそう。国際分野でも、国によってカルチャーが違《ちが》うし、それから、日本人より威張《いば》ってる国だってあるしね。こういうところを伝道するのは、とても難しい。やっぱり、語学の壁《かべ》もあるよね。

大学だって、なかなかね。今、苦労してつくってるところでしょ？　ゼロからソフトをつくって、学問をつくって、教えるようにして、そこまでできたとしても、今度は、これを周りに認めさせなきゃいけない。

信用をつけて、「それを勉強した人が使える人材だ」ということを世の中に認めさせて、それが収入に変わるところまで持っていってやらなきゃいけないわね。その学んだことが、収入に変わる仕事として成り立つ。つまり、「プロ」として成り立って、収入に変わるようにしなきゃいけない。

「天使」であるからこそ「悪魔《あくま》の心」も知らなければならない

南原宏治　芸能系だって、「幸福の科学では、これはしますが、これは明らかにできません」というのが、あんまりたくさんありすぎたら、やっぱり、難しいわな。

悪魔《あくま》の役でも、天使が演じなきゃいけないときには演じなきゃいけない。天使であるからこそ、悪魔の心を知ってなければいけないわけで、これは大宇宙の不思議だよな。「なぜ、今、悪魔が存在するか」っていうのは、すっごく不思議なことだ（注。二〇一六年三月現在、公開霊言シリーズは三百八十冊を超え、そのなかには悪霊・悪魔を招霊したものもある。『エクソシスト入門——実録・悪魔との対話——』〔幸福の科学出版刊〕等参照）。

もとは天使だった人が悪魔になって、手下をいっぱいつくって地獄界《じごくかい》をつくる。神様はこれを許しておられる。なぜだろうか。そして、そういう地獄界があって、悪魔がいて、地上界の混乱が起きている。なぜだろうか。どうしたらいいんだろうか。

映画の世界、ドラマの世界等でも、そうした悪人は出てくる。犯罪者も出てくる。そら、刑事《けいじ》も出てくれば、ヤクザや暴力団、あるいは密輸をしてるやつとか、いろんなもんが出てくる。なぜ出てくるんだろうか。まあ、色・金・欲、その他《た》、いっぱいありますけども、そういう地獄の発生原因である人間の煩悩《ぼんのう》から、そういうものが出てきているわけね。

どうしてもできないものもあろうとは思うけども、食わず嫌《ぎら》いには必ずしもならないで、やっぱり、それぞれのなかに「存在している理由」があるから、その存在している理由を突《つ》き止めて、それをなくしていくにはどうしたらいいのか。あるいは、世界をいいほうに持っていくにはどうしたらいいのか、ということを教えないといけない。

例えば、「きれいな世界」だけをあんまり教えすぎると、今度は、「汚《きたな》い世界」のほうの罠《わな》にかかっていったときに、人が分からないこともあるわけね。

だから、私があえて悪役を演じても、それは、「江戸《えど》時代の越後屋《えちごや》が悪徳商人で、イッヒッヒッヒとやっているように、現代社会においては、政治家に賄賂《わいろ》を渡《わた》して、『自分のところの仕事だけを上手《うま》いこと取ってやろう』と思っているようなやつがいる」というのに対する警告になってるし、庶民《しょみん》がそれを判断するための材料にもなってるわけね。過去に例を取りながら「善悪」を教えているわけで、「こういうのはよくない人なんですよ」ということを教えている。

「神様・仏様の慈悲《じひ》」を知る人だからこそ演じられる「悪」もある

南原宏治　善悪をちゃんと教えることは非常に大事なことなんです。「善」だけを教えることは難しいんです。やっぱり、「悪」がなくては「善」は成り立たない。
　悪の部分はどうしても出てくるんだけども、それで諦《あきら》めちゃ駄目《だめ》なんだよ。人間としてご飯を食べて、仕事をして、野良《のら》仕事なんかしてたら、もう土だらけ、垢《あか》だらけになるわけ。ね？　こういう人に対して、「汚くなったから川に捨てよう」というのじゃあ駄目なんだよ。神様・仏様の慈悲《じひ》はこんなもんじゃないんですよ。

竹内　はい。

南原宏治　野良仕事をした、ご飯を食べたっていうなら、いっぱい出てくる。そら、垢も出れば脂《あぶら》も出るし、真っ黒になる。だけど、ちゃんとお風呂《ふろ》に行って垢を流せば、それはまたきれいになるわけで、一年に一回、新品の服とか、お洗濯《せんたく》した服、浴衣《ゆかた》を着れば、それなりに元に戻《もど》るわけだね。こういうことを、神様・仏様は認めておられるわけよ。人間は汚れるけど、洗濯したらまたきれいになる存在だということを教えてくださってるわけね。

だから、「悪の部分」というのは、洗濯する前の汚れた部分だ。だけど、誰《だれ》だって、その可能性はあるわけ。つまり、「いったん汚れたら、もう使いものにならない」というふうに考えるのは間違いなんだということだな。クリーニング屋もあるし、自分で洗濯もできる。それを教えているのが宗教の仕事なんでしょ？

そういうことを知った人が、あえて、「悪への誘惑《ゆうわく》」や「悪そのもの」をも描いたり、「悪から立ち上るところ」、あるいは「救うことはできない絶望」みたいなものを演じたりすることもあると思う。理不尽《りふじん》にも家族が失われていったり、病気で倒《たお》れたり、あるいは、借金で会社が潰《つぶ》れたりと、いろいろあって、「自分の力、努力では、どうしたってどうにもならないじゃないですか」っていうもののはありますよ。

だけど、そのなかで、どう生きているかを見せていくところが大事なわけでね。「網走番外地《あばしりばんがいち》」で生きていく人間も、やっぱり、人間なんですよ。そのなかに何らかの「仏性《ぶっしょう》」があるんですよね。

竹内　はい。

南原宏治　やっぱり、それを教えなければいけないね。

演技を通して「人生について考えるヒント」を与《あた》える

南原宏治　幸福の科学の教えを受けてても、具体的な人生、自分固有の人生を生きているなかには、つまずきはどうしても出るんだよな。これはしかたない。だって、そこまで細《こま》かく教わってるわけじゃないことがあるからね。「あんたの職業の場合はこうしなさい」とか、いちいち細かくは教えられんわね。

その意味で、「小説」なんかを読む代わりに、もっとリアリティのあるものとして、「映画」とかそういうものはありえる。

映画なんかでも、よく破滅《はめつ》するのはあるけどね。犯罪映画もよくあるし、それから、経済犯罪なんてのはもっと難しいよね？ 金儲《かねもう》けをどんどんやっているうちに、それが実は犯罪になっていって、潰れていくとか、あるいは捕《つか》まったりするのがある。あれは知ってたほうがいいわな。やっぱり、知らないと、ほんとに引っ掛《か》かっちゃうことがあるからね。

だから、そういう意味での「啓蒙《けいもう》」の部分もあるんだということね。

その意味で、限界はあるかもしれないけども、ある程度、「この世のなかで生きていく知恵《ちえ》」を身につけるためのものを、努力して表現しなければいけないんじゃないかとは思うね。

中国だって、習近平《しゅうきんぺい》体制になってから、あなたがたは、「これには世界侵略《しんりゃく》の意図あり」と言って、警告してるんでしょ？

最初、出てきたときには、民主党政権か何か知らんけども、「友好の海をつくろう」とか言ってたでしょ？　お人好《ひとよ》しだよね？　天使みたいだね？　だけど、そういう考え方を持ったら、結局は侵略されていく。こういうことは、ほかの政治の分野でもちゃんと現実として教えてるわけだから。やっぱり、人間に「悪」はあるんですよ。

竹内　うーん。

南原宏治　欲望が過ぎて、ほかのものをないがしろにすると悪になることがある。

それを教えなきゃいけない仕事、押《お》し止《とど》める仕事があるわけだ。「これを狙《ねら》ってますよ」と言われて、初めて分かることはあるよな。

だから、きれいな世界ばっかりでも駄目で、そういうことを、いろんなかたちで智慧《ちえ》としてちりばめていくことも、これからのみんなの役どころかな？

（雲母《きらら》を指して）天使の役は、もうこれ以上しないのかもしれないけども、例えば、（希島《きじま》に）あなたもお姉ちゃん（の役を）やったね？　障害者（の役）で、なんで死んだのかも分からんけど、いきなり死んどったね（会場笑）。そんなふうに、「天使の役をしろ」と言われたらできるし、「逆をやれ」ということで、「病気をして死ぬ役をやれ」と言われたら、やれるかとかですね。まあ、いろんなものがあるわけです。

だから、いろんなもののなかに自己表現ができて、こういうフィクションのなかで、みんなの「人生について考えるヒント」を与《あた》えることが大事なんだということだな。

11 「過去世《かこぜ》」はやっぱり〝NG〟？

前回の霊言《れいげん》では明かされなかった「本当の過去世《かこぜ》」を訊《き》く

竹内　南原さん、今日は、本当に貴重な数々の演技論を頂きまして……。

南原宏治　真面目《まじめ》だったでしょう？

竹内　本当にありがとうございます（笑）。

南原宏治　いやあ、反省してんのよ、ちょっと。反省してんの。

竹内　その真面目ついでにお訊《き》きしたいのですが、前回の霊言《れいげん》で過去世《かこぜ》をお伺《うかが》いしたときに、ちょっと……。

南原宏治　何て言った？　「豊臣秀吉《とよとみひでよし》」って言ってたか？

竹内　いやいや（笑）。「リュカルゴス王」など、ちょっと冗談《じょうだん》半分でおっしゃっていたような感じも受けまして。

南原宏治　ああ。なるほど。

竹内　今日は真面目に、どのようなご存在であられるのかというあたりをお訊き

●リュカルゴス王　4300年前のギリシャ・クレタ島シティアの豪族の長。後《のち》にギリシャを統一したヘルメスの父であり、たいへん武勇に優《すぐ》れ、領民からとても尊敬されていた（『愛は風の如く』全4巻〔幸福の科学出版刊〕参照）。

したいと思うのですが（笑）。

南原宏治　何かねえ……？

竹内　あ、その感じ（笑）……。

南原宏治「新撰組《しんせんぐみ》をつくれ」と命じてたような気はするなあ。

竹内　うーん。坂本龍馬《さかもとりょうま》さんがお好きですし、明治の時代にすごく郷愁《きょうしゅう》を感じるのですか。

南原宏治　うーん。意外に女性だったかもしれないよ、俳優だからね。今は男っぼくやってるけど、意外に女性だった可能性が……。

竹内　本当ですか。

大川紫央　南原さんの顔が、もう冗談を言うときの顔になっています（笑）。

竹内　（笑）（会場笑）

南原宏治　（大川紫央に）見抜《みぬ》くな！　おまえ！　私が二流、三流の俳優になっちゃうじゃないかあ。

竹内　（笑）

南原宏治　本気で言ってるんだから。いや、何かねえ、坂本龍馬に抱《だ》かれたような気がするなあ。

大川紫央　（笑）

竹内　うーん……。

南原宏治　何か、うーん……、そう慰《なぐさ》めてたような気がするなあ。

竹内　そうですか。

南原宏治　京都あたりで芸者でもやってたんじゃないかなあ。

竹内　うーん。

南原宏治　いやあ、わりあい長崎《ながさき》あたりにもいたような気もする。

竹内　（笑）では、過去世については、ちょっとスキップいたしましょうか。

南原宏治　ＮＧ。

竹内　ＮＧですか（笑）。

南原宏治　はい。やっぱりＮＧですねえ。

南原氏が天上界《てんじょうかい》で交流のある人物とは？

竹内　今は、天上界《てんじょうかい》ではどのような方々と一緒《いっしょ》にいらっしゃるのですか。

南原宏治　そうですね、やっぱり、エル・カンターレとは毎日のように話をする立場だね。うん。

竹内　ああ……（苦笑）。ところで、高倉健《たかくらけん》さんとかもお近くに……。

南原宏治　ああ、（高倉健は）下のほうにいるから、ときどき降《お》りていってね、牢屋《ろうや》のなかに入っているところに差し入れをしてやってるよね。ヤクザ映画に出すぎたために、今、処罰《しょばつ》を受けてるだろうから。

竹内　そんなことを言ってしまっていいんですか（苦笑）。

南原宏治　三食ほど、差し入れね。ときどき、看守《かんしゅ》に命じて差し入れをさせたり、「天上界から少し金を送るから、もうちょっと栄養価の高いものを入れるように」というようなことで賄賂《わいろ》をつかませたりして、高倉健とかは助けてやっとるんだ。

竹内　ああ、そうですか……。

南原宏治　うん。信じない？

竹内　うーん……、そうですね（笑）。

南原宏治　信じないねえ。だけど、立場上、ほんとは私のほうが上でもおかしくはないよね？

竹内　そうですよね。やはり、真理を信じて……。

南原宏治　そうだね。いずれ、真なる姿は明らかになるけども、その前に、うちの娘《むすめ》をもうちょっとどうにかしてくれよ、あれ。困っとるんだからさあ。

竹内　頑張《がんば》って聖務《せいむ》をしておられます。

南原宏治　もう、ほんとねえ、いやあ、もてあましてるんだからさあ。

竹内　そうですか（笑）。

南原宏治　もうちょっと何かないかねえ。

竹内　でも、とても美しい方ですので……。

南原宏治　いやいや、宇宙人役でもいいよ。うーん。ないか。

竹内　では、次回作の、（宇宙を題材にした）アニメ映画のほうで検討したいと思います。

南原宏治　宇宙人あたりだったら、まだいけるかもしれないから……。

竹内　ちなみに、今、「宇宙」とおっしゃいましたが、宇宙系とは何か関係があるんですか。

南原宏治　宇宙系……、まあ、そんなのを私に訊いたって、分かるわけないよ。適当に台本を書いといてくださいよ、そんなの。

竹内　ああ、そうですか（笑）。分かりました。では、そのあたりについては、また今後ということで。

南原宏治　ええ。俳優っていうのはね、自分が偉《えら》くなっちゃいけないの。自分は偉くなくて、偉い人の役を演じるし、偉くない人の役も演じる。そういうことで、あんまり自分に固まりすぎちゃいけないわけ。

私がたとえね、事実上はイエス・キリストを導いた教師であったとしても、そういうことは決して語らないのが俳優の本分なんだよね。

竹内　うーん。

南原宏治　分かるかな?

竹内　分かりました。そこに関しては、また次の機会とさせていただきたいと思います。

南原宏治　うん。
　霊言《れいげん》の最後に南原宏治氏が出した映画の構想とは

竹内　今日は貴重な演技論をご指導いただきまして、本当にありがとうございました。今後の参考とさせていただきます。

南原宏治　（大川紫央に）女優を目指《めざ》す？

大川紫央　いえ。大丈夫《だいじょうぶ》です。

南原宏治　フッ（笑）。「大丈夫」ということは「いける」ということだな？

大川紫央　いえいえいえいえ（笑）（会場笑）。

南原宏治　最近は、あなたに深田恭子《ふかだきょうこ》の演技ができるんじゃないかって噂《うわさ》が立ってるから。

大川紫央　いえ。そんな噂はないです（笑）。

南原宏治　いや、大丈夫ですよ。十分。

大川紫央　無理です。

南原宏治　いやいや、やってみたらどうだい？　ひとつ、体当たりで。

大川紫央　とんでもないです。

南原宏治　あるいは、次はフィクションで、「坂本龍馬は女だった」という小説を書いて……。

竹内　ああ、確かに面白《おもしろ》いですね（笑）。

大川紫央　（笑）

南原宏治　それを映画化して、斬《き》って斬って斬りまくる。剣道《けんどう》二段でしょ？（注。大川紫央《しお》は学生時代に剣道部に所属しており、剣道二段を持っている）やれますよ、そのくらい。千葉《ちば》道場の師範代《しはんだい》ぐらいできますよ。やってやってやりまくるんですわ。そして、芸者を抱くときには同性愛を演じて現代性を出す。うーん、実にいい構想だ。面白い！

竹内　ええ、では、今日はこのあたりで。

南原宏治　ああ、そうか（会場笑）。

竹内　すごくいいお話でした。ありがとうございます。

南原宏治　じゃあ、今日はそういうことにしよう（手を一回叩《たた》く）。

一同　ありがとうございました。

南原宏治　はい、ありがとう（手を二回叩く）。

12　南原宏治氏による「演技論講義」を終えて

大川隆法　前回（前掲《ぜんけい》『俳優・南原宏治のガハハ大霊言《だいれいげん》』参照）よりは頑張《がんば》って、「真面目《まじめ》に」やってくれたと思います。参考になることもありましたね。

竹内　はい。多くの演技論を頂きました。

大川隆法　今、（幸福の科学が）映画を撮《と》っているのを知っているので、何か手伝いたくてしかたがないのでしょう。

竹内　そうですね。

大川隆法　メガホンを持ちたいぐらいなのかもしれません。うーん、かわいそうですね。南原さんの写真でも、どこかに掛《か》けておいてあげましょうか。

竹内　分かりました。

大川隆法　芸能部門のどこかに、掛けておいてあげなくてはいけないかもしれません。

竹内　少しご指導いただきながら、やっていきたいと思います。

大川隆法　そうですね。南原さんもそうでしたし、こういうことを言ってはいけませんが、小川知子《おがわともこ》さんだって、もし亡《な》くなられたら、やはり、全国紙に出るような方でしょう。

当会には、そうした方がいらっしゃるので、演技の指導を受けるとよいのではないかと思います。

では、ありがとうございました。

竹内　ありがとうございました。

あとがき

「天使が悪魔の役をやれるか。」「悪魔が天使の役をやれるか。」どちらもなかなか難しいところだろう。

私も仕事でかかわっている関係上、映画の作品研究が多くなってきた。俳優の演技力や、監督の構想力、脇役《わきやく》、音楽・照明、道具係、ロケ地、様々な要素が加わると、原作の小説より面白くなったり、逆転して、映画が原作を有名にすることもある。そこに新しい文学体験が生まれることもある。

宗教の立場からは、映画やドラマも様々な人間学、人生学の宝庫《ほうこ》である。昨日も、岡田准一《おかだじゅんいち》主演のエベレスト制覇《せいは》の映画を午前に観《み》て、夜は、名女優、樹木希《ききき》林《りん》が主演する「あん」を観賞した。それぞれに人生のロマンと夢、哀《かな》しみがあった。宗教家としては、この多様な目線を忘れてはならないと思う。

つくづく宗教もまた総合芸術なのだと思う。

二〇一六年　三月十六日

幸福《こうふく》の科学《かがく》グループ創始者兼総裁《そうししゃけんそうさい》　大川隆法《おおかわりゅうほう》

『南原宏治の「演技論」講義』関連書籍

『職業としての宗教家』（大川隆法著　幸福の科学出版刊）
『俳優・南原宏治のガハハ大霊言』（同右）
『野坂昭如の霊言』（同右）
『元相撲協会理事長 横綱北の湖の霊言 ひたすら勝負に勝つ法』（同右）
『水木しげる　妖怪ワールドを語る』（同右）
『「パンダ学」入門――私の生き方・考え方――』（大川紫央著　幸福の科学出版刊）
『20代までに知っておきたい〝8つの世渡り術〟』（同右）

※左記は書店では取り扱っておりません。最寄りの精舎・支部・拠点までお問い合わせください。

『大川隆法霊言全集 第1巻 日持の霊言／日蓮の霊言』
（大川隆法著 宗教法人幸福の科学刊）
『大川隆法霊言全集 第2巻 日蓮の霊言』（同右）
『大川隆法霊言全集 第11巻 坂本龍馬の霊言／吉田松陰の霊言／勝海舟の霊言』
（同右）

南原宏治《なんばらこうじ》の「演技論《えんぎろん》」講義《こうぎ》

2016年3月29日　初版第1刷

著　者　　大《おお》　川《かわ》　隆《りゅう》　法《ほう》

発行所　　幸福の科学出版株式会社

〒107-0052 東京都港区赤坂2丁目10番14号
TEL(03)5573-7700
http://www.irhpress.co.jp/

印刷・製本　株式会社 堀内印刷所

落丁・乱丁本はおとりかえいたします

ISBN978-4-86395-775-6 C0070

大川隆法霊言シリーズ・プロフェッショナルに学ぶ

俳優・南原宏治のガハハ大霊言

俺の辞書には"ＮＧ"なんてネエ！

型破り！ 豪快！ 情熱的！ 日本が誇る名優であり、幸福の科学の初期に活躍した南原宏治氏が語る"霊界武勇伝"、そして、地上へのメッセージ。

1,400 円

女神の条件 女優・小川知子の守護霊が語る成功の秘密

芸能界で輝き続ける女優のプロフェッショナル論。メンタル、フィジカル、そしてスピリチュアルな面から、感動を与える「一流の条件」が明らかに。

1,400 円

高倉健　男のケジメ

死後 17 日目、胸中を語る

ファンや関係者のために、言い残したことを伝えに帰ってきた――。日本が世界に誇る名優・高倉健が、「あの世」から贈るケジメの一言。

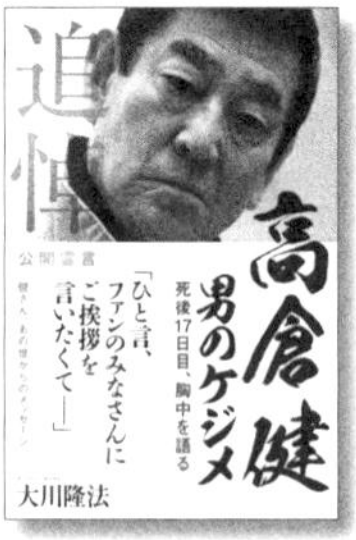

1,400 円

丹波哲郎 大霊界からのメッセージ

映画「ファイナル・ジャッジメント」に物申す

映画「ファイナル・ジャッジメント」に、硬軟取りまぜた"丹波節"が炸裂！ 霊界でのエピソードも満載の「霊界の宣伝マン」からのメッセージ。

1,400 円

※表示価格は本体価格（税別）です。

大川隆法 霊言シリーズ・プロフェッショナルに学ぶ

堺雅人の守護霊が語る 誰も知らない「人気絶頂男の秘密」

個性的な脇役から空前の大ヒットドラマの主役への躍進。いま話題の人気俳優・堺雅人の素顔に迫る110分間の守護霊インタビュー！

1,400円

魅せる技術

女優・菅野美穂 守護霊メッセージ

どんな役も変幻自在に演じる演技派女優・菅野美穂――。人を惹きつける秘訣や堺雅人との結婚秘話など、その知られざる素顔を守護霊が明かす。

1,400円

人間力の鍛え方

俳優・岡田准一の守護霊インタビュー

「永遠の0」「軍師官兵衛」の撮影秘話や、演技の裏に隠された努力と忍耐、そして心の成長まで、実力派俳優・岡田准一の本音に迫る。

1,400円

「イン・ザ・ヒーローの世界へ」 ―俳優・唐沢寿明の守護霊トーク―

実力派人気俳優・唐沢寿明は、売れない時代をどう乗り越え、成功をつかんだのか。下積みや裏方で頑張る人に勇気を与える〝唐沢流〟人生論。

1,400円

大川隆法ベストセラーズ・クリエイティブの秘密に迫る

職業としての宗教家

大川隆法 スピリチュアル・ライフの極意

霊的かつ知的な日常、霊言収録の舞台裏、知的生産の秘訣など、幸福の科学総裁の新たな魅力が明かされた、女優・雲母《きらら》とのスペシャル対談。

1,400円

美の伝道師の使命

美的センスを磨く秘訣

美には「素材の美」「様式美」以外に、「表現美」がある——。一流の人間が醸し出す美、心と美の関係など、美的センスを高める秘訣を公開！

1,400円

感動を与える演技論

心を揺さぶる感性の探究

小田正鏡　著

ＰＶ制作や映画７作の総合プロデュースの実績を持つ著者が語る「演技論入門」。女優・小川知子のインタビューも収録。【ＨＳＵ出版会刊】

1,100円

新時代のクリエイティブ入門

未来創造こそ、「天才」の使命

松本弘司　著

広告・映画業界で数多くの実績を持つ著者が語る、新しい「クリエーター論」「人材論」。未来の文化・芸術が見えてくる一冊。【ＨＳＵ出版会刊】

1,100円

最新刊

経営とは、実に厳しいもの。

逆境に打ち克つ経営法

豪華装丁
函入り

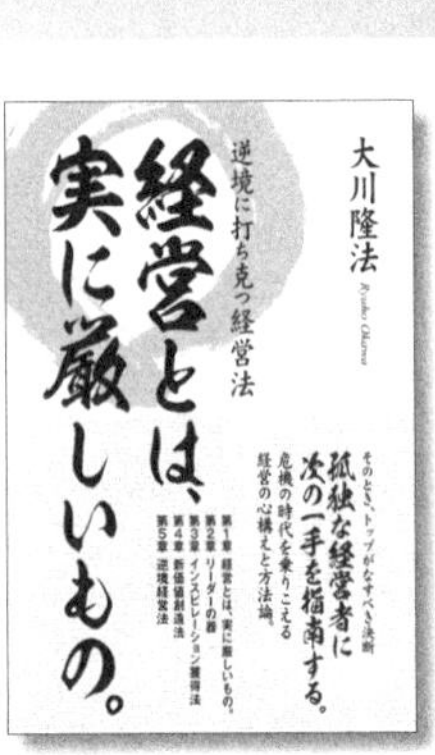

危機の時代を乗り越え、未来を勝ち取るための、次の一手を指南する。「人間力」を磨いて「組織力」を高める要諦が凝縮された、経営の必読書。

10,000円

心を育てる「徳」の教育

受験秀才の意外な弱点を分かりやすく解説。チャレンジ精神、自制心、創造性など、わが子に本当の幸福と成功をもたらす「徳」の育て方が明らかに。

1,500円

20代までに知っておきたい“8つの世渡り術”

パンダ学入門＜カンフー編＞

大川紫央　著

目上の人との接し方や資格・進路の選び方など、社会の“暗黙ルール”への対処法を分かりやすくアドバイス。大反響「パンダ学シリーズ」第２弾。

1,300円

※表示価格は本体価格（税別）です。

大川隆法 著作シリーズ・心が明るく晴れやかになる！

最新刊

「アイム・ファイン！」になるための7つのヒント

いつだって、天使はあなたを見守っている

人間関係でのストレス、お金、病気、挫折、大切な人の死――。さまざまな悩みで苦しんでいるあなたへ贈る、悩み解決のためのヒント集。

1,200円

映画原作

アイム・ファイン 自分らしくさわやかに生きる7つのステップ

読めば心がスッキリ晴れ上がる、笑顔と健康を取り戻すための知恵が満載。あなたの悩みの種が「幸福の種」に。

1,200円

主題歌DVD付

「天使に"アイム・ファイン"」公式フォトブック

天使の活躍を描いた、映画「天使に"アイム・ファイン"」の見どころを徹底ガイド！ 撮影秘話やメイキングカットなど情報満載！

1,667円

「天使に"アイム・ファイン"」製作委員会 編

※表示価格は本体価格（税別）です。

天使は、見捨てない。
天使に
I'm fine!
アイム・ファイン
製作総指揮/大川隆法
雲母(きらら)　芦川よしみ　金子昇　清水一希　合香美希
原作/『アイム・ファイン』大川隆法(幸福の科学出版)
監督・脚本/園田映人　音楽/大門一也　製作:ニュースター・プロダクション　制作プロダクション:ジャンゴフィルム　配給:日活　配給協力:東京テアトル
©2016ニュースター・プロダクション
5つの傷ついた心に、奇跡を起こす —
G
3.19(SAT)ROADSHOW
www.newstar-pro.com/tenshi/
NIKKATSU

Welcome to Happy Science!
幸福の科学グループ紹介

「一人ひとりを幸福にし、世界を明るく照らしたい」──。
その理想を目指し、幸福の科学グループは宗教を根本《こんぽん》にしながら、
幅広い分野で活動を続けています。

宗教活動

幸福の科学【happy-science.jp】

- 支部活動【map.happy-science.jp（支部・精舎へのアクセス）】
- 精舎（研修施設）での研修・祈願【shoja-irh.jp】
- 学生局【03-5457-1773】
- 青年局【03-3535-3310】
- 百歳まで生きる会（シニア層対象）
- シニア・プラン21（生涯現役人生の実現）【03-6384-0778】
- 幸福結婚相談所【happy-science.jp/activity/group/happy-wedding】
- 来世幸福園（霊園）【raise-nasu.kofuku-no-kagaku.or.jp】

来世幸福セレモニー株式会社【03-6311-7286】

株式会社 Earth Innovation【earthinnovation.jp】

30th
おかげさまで30周年
2016年、幸福の科学は
立宗30周年を迎えました。

社会貢献

ヘレンの会（障害者の活動支援）【helen-hs.net】
自殺防止活動【withyou-hs.net】
支援活動
- 一般財団法人
「いじめから子供を守ろうネットワーク」【03-5719-2170】
- 犯罪更生者支援

国際事業

Happy Science 海外法人
【happy-science.org（英語版）】【hans.happy-science.org（中国語簡体字版）】

教育事業

学校法人 幸福の科学学園
- 中学校・高等学校（那須本校）【happy-science.ac.jp】
- 関西中学校・高等学校（関西校）【kansai.happy-science.ac.jp】

宗教教育機関
- 仏法真理塾「サクセスNo.1」（信仰教育と学業修行）【03-5750-0747】
- エンゼルプランV（未就学児信仰教育）【03-5750-0757】
- ネバー・マインド（不登校児支援）【hs-nevermind.org】
  - ユー・アー・エンゼル！運動（障害児支援）【you-are-angel.org】

高等宗教研究機関
- ハッピー・サイエンス・ユニバーシティ（HSU）

政治活動

幸福実現党【hr-party.jp】
- <機関紙>「幸福実現NEWS」
- <出版> 書籍・DVDなどの発刊
- 若者向け政治サイト【truthyouth.jp】

HS 政経塾【hs-seikei.happy-science.jp】

出版 メディア 関連事業

幸福の科学の内部向け経典の発刊

幸福の科学の月刊小冊子【info.happy-science.jp/magazine】

幸福の科学出版株式会社【irhpress.co.jp】
- 書籍・CD・DVD・BD などの発刊
- <映画>「UFO 学園の秘密」【ufo-academy.com】ほか８作
- <オピニオン誌>「ザ・リバティ」【the-liberty.com】
- <女性誌>「アー・ユー・ハッピー？」【are-you-happy.com】
- <書店> ブックスフューチャー【booksfuture.com】
- <広告代理店> 株式会社メディア・フューチャー

メディア文化事業
- <ネット番組>「THE FACT」【youtube.com/user/theFACTtvChannel】
- <ラジオ>「天使のモーニングコール」【tenshi-call.com】

スター養成部（芸能人材の育成）【03-5793-1773】

ニュースター・プロダクション株式会社【newstar-pro.com】

NEW STAR PRODUCTION ニュースター・プロダクション

ニュースター・プロダクション（株）は、世界を明るく照らす光となることを願い活動する芸能プロダクションです。2016年3月には、ニュースター・プロダクション製作映画「天使に“アイム・ファイン”」を公開します。

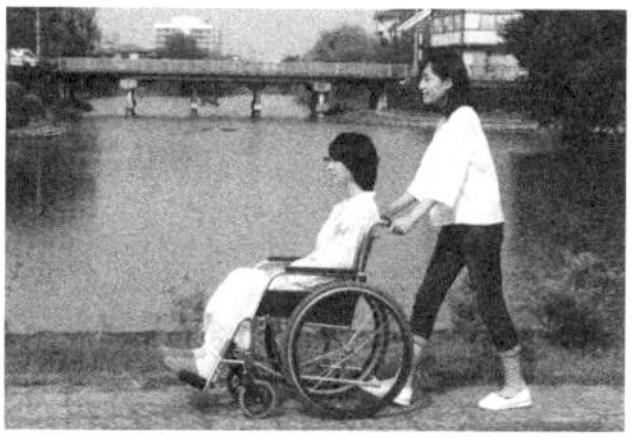

映画「天使に“アイム・ファイン”」のワンシーン（左）と撮影風景（右）。

スター養成スクール

私たちは魂のオーラを放つ、幸福の科学オリジナルスターを目指しています。

神様の代役として、人々に愛や希望、あるいは救いを与えるのがそうしたスターやタレント達の使命なのです。

（「『時間よ、止まれ。』－女優・武井咲とその時代」より）

レッスン内容

- **Power of Faith（信仰教育）**
- **芸能基礎レッスン（日舞、バレエ）**
- **演技レッスン**
- **ジャズダンス**
- **ボーカルレッスン**

スター養成スクール生大募集！

小学校１年生～２５歳までのスターを目指す男女（経験不問）。

電話：03-5793-1773

入会のご案内

あなたも、幸福の科学に集い、ほんとうの幸福を見つけてみませんか？

幸福の科学では、大川隆法総裁が説く仏法真理をもとに、「どうすれば幸福になれるのか、また、他の人を幸福にできるのか」を学び、実践しています。

入会

大川隆法総裁の教えを信じ、学ぼうとする方なら、どなたでも入会できます。入会された方には、『入会版「正心法語」』が授与されます。（入会の奉納は1,000円目安です）

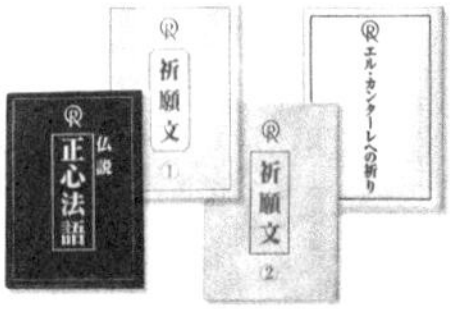

仏弟子としてさらに信仰を深めたい方は、仏・法・僧の三宝への帰依を誓う「三帰誓願式」を受けることができます。三帰誓願者には、『仏説・正心法語』『祈願文①』『祈願文②』『エル・カンターレへの祈り』が授与されます。

三帰《さんき》誓願《せいがん》

ネットからも入会できます

ネット入会すると、ネット上にマイページが開設され、マイページを通して入会後の信仰生活をサポートします。

01 幸福の科学の入会案内ページにアクセス

happy-science.jp/joinus

02 申込画面で必要事項を入力

※初回のみ1,000円目安の植福（布施）が必要となります。

ネット入会すると……

- 入会版『正心法語』が、ダウンロードできる。
- 毎月の幸福の科学の活動トピックが動画で観れる。

INFORMATION

幸福の科学サービスセンター

TEL. 03-5793-1727（受付時間 火〜金：10〜20時／土・日・祝日：10〜18時）

幸福の科学 公式サイト **happy-science.jp**